AF140123

Anita Lehmann

Auf den Straßen nach Süden

Ein anderes Reisetagebuch
Teil1

Frank Ralf gewidmet

Bibliografische Information der Deutschen Nationalbibliothek:
Die Deutsche Nationalbibliothek verzeichnet diese Publikation in der
Deutschen Nationalbibliografie; detaillierte bibliografische
Daten sind im Internet über http://dnb.dnb.de abrufbar.

1. Auflage Februar 2016
2. Überarbeitete Auflage Mai 2019

©2019 Anita Lehmann
©2019 Cover und Layout Frank Ralf

Dieses Werk und alle seine Teile sind urheberrechtlich geschützt

Nachdruck, Speicherung, Sendung und Vervielfältigungen in jeder
Form, insbesondere Kopieren, Digitalisieren, Smooting, Komprimie-
rung, Konvertierung in andere Formate, Farbverfremdung sowie Bear-
beitung und Übertragung des Werkes oder von Teilen desselben in andere Medien und Speicher sind ohne vorhergehende schriftliche Zu-
stimmung des Autorin unzulässig und werden strafrechtlich verfolgt.

Herstellung und Verlag:
BoD – Books on Demand, Norderstedt

ISBN: 9-783-7322-9050-5

Inhalt

1. Reisetag: Anreise bis in den Raum GARDASEE

Der Donnerstagmorgen im September war kühl. Dunkle Wolken hingen am Himmel, bereit sich jederzeit über der Stadt zu entleeren. Fröstelnd stand ich am Treffpunkt der Reisegruppe. Neben mir waren eine schwere Büchermappe, Koffer, Reisetasche, Stadtrucksack und Schirm gestapelt. Noch herrscht Ruhe, aber in wenigen Minuten werden Reisende, Busse, Taxis, Gepäck und Organisatoren den Platz füllen. Dann beginnt mein Arbeitstag. Ich bin eine REISELEITERIN.

Diese Fahrt ist eine besondere. Zum wiederholten Male fahre ich nach Süden, nach SIZILIEN. Meinen Beruf übe ich gern aus, obwohl sehr viel mehr dazugehört, als auf dem Platz neben dem Fahrer zu sitzen und freundlich zu sein, zu den Gästen, den Veranstaltern und zum Fahrer.

Ich versuchen, dem Unkundigen meinen „Job" zu erklären: Die Tätigkeit eines Reiseleiters ist außerordentlich vielfältig, und nicht jeder ist diesen Anforderungen gewachsen.

Ein Reiseleiter ist für den korrekten Verlauf der Reise entsprechend der Ausschreibungen des Katalogs verantwortlich; er ist Bindeglied zwischen Reiseveranstalter und jeweiligem Hotel; er informiert die Gäste über Geschichte, Kunst und Kultur, Land und Leute; er ist verantwortlich für den Busservice und das Wohlbefinden der ihm anvertrauten Gäste und er hat mit dem Busfahrer ein Team zu bilden, das die

Gäste sicher, pünktlich und freundlich an den vorgesehenen Zielort bringt. Lässiger formuliert heißt das, er ist Begleiter bei Stadtrundgängen und er ist Kaffeekoch; er zeigt Kirchen und Basiliken und bereitet das wichtigste Essen im Bus, die Bockwurst; er unterhält mit Märchen, Sagen und Musik und er reinigt abends zusammen mit dem Fahrer den Bus; er kümmert sich bei Sorgen und Krankheiten der Gäste und steht bei Beschwerden und Kritik als Ansprechpartner zur Verfügung; er kauft Eintrittskarten , schreibt Reiseberichte und bereitet sich auf jede Reise selbständig gründlich vor. Und ab und zu hat er am Tage eine Atempause, wenn er für zwei Stunden die Gruppe einem örtlichen Reiseleiter übergibt. Ich musste begreifen, dass sein Dienst täglich zwölf Stunden dauert. Nach Jahren habe ich nun endlich auch gelernt, einen Bus zum Stehen zu bringen, einen Nothammer zu bedienen, mit dem Feuerlöscher umzugehen, eben alles zu kennen und zu können, was für die Sicherheit im Bus notwendig ist.

Die „Reisemacher" definieren diese Aufgaben natürlich sachlicher.

Merkmale einer qualifizierten Reiseleitung sind nach ihrer Auffassung ein gründliches Selbststudium, Charisma, die Kenntnis von Fremdsprachen, ein zufriedenstellender Bordservice, ein faktensicherer und launig vorgetragener Reisekommentar, der Einsatz landestypischer audio-visueller Mittel, eine fehlerfreie Reiseorganisation, der konsequente Umgang mit Reklamationen, eine bewusste, aber unaufdringliche Werbung für das Reiseunternehmen und die Gewinnung von Neukunden.

Ich denke, dass das für den einzelnen eine ganze Menge an Verantwortung bedeutet.

Und ganz wichtig ist, dass dem Reiseleiter jederzeit bewusst ist, dass der Gast "König" ist. Ihm ist also nach Möglichkeit jeder Wunsch von den Lippen abzulesen.

Der Leser merkt: es ist eine vielfältige, verantwortungsvolle und gewöhnungsbedürftige Angelegenheit, denn während der Reisesaison ist man überall in Europa, nur nicht zu Hause.

Heute übernehme ich wieder eine „neue" Reisegruppe, denn es beginnt eine 11-tägige Katalog- und Urlaubsreise.

Pünktlich, eine halbe Stunde vorher, stehen Bus und Reiseleiterin bereit.

Ich gehe immer davon aus, dass bereits der Einstieg in den Bus, die erste Begegnung zwischen Gast, Reiseleiter und Fahrer entscheidend die Atmosphäre prägen. Dieser Kontakt beim Einchecken erfolgt sozusagen durch die Platzzuweisung und das Unterbringen des Gepäcks. Nach zwei Jahrzehnten des Begleitens von Reisegruppen kommt es häufiger vor, dass Gäste ihre Freude zum Ausdruck bringen, Fahrer und Reiseleiter wiederzusehen. Das lockert die Reiseatmosphäre auf.

Während dieser Startphase sind schon beträchtliche Unterschiede in der Reaktion der Gäste zu spüren. Ein freundlicher Morgengruß beim Einsteigen bei den einen, dort eine humorvolle Bemerkung und an anderer Stelle herbe Enttäuschung über den vom

Gast selbst gebuchten Platz bis hin zu Schuldzuweisungen und Forderungen nach sofortiger Veränderung der Sitzordnung durch den Reiseleiter. In den meisten Fällen jedoch beginnt die Reise für alle Beteiligten harmonisch.

Bei längeren Reisen bin ich immer froh, wenn alle Koffer und Taschen im Bus verstaut sind.

Ein letzter Blick gilt dem nunmehr freien Platz vor und neben dem Bus.

Sind alle Gepäckstücke verladen?

Nicht nur andere, auch ich selbst habe beinahe schon meinen Koffer stehen gelassen. Als es morgens geregnet hatte, stellte ich mein Gepäck auf einem Papierkorb ab und bemühte mich zunächst um die Gäste. Vergessen war der eigene Koffer.

Beim Abfahren sagte jemand hinter mir halblaut zum Nachbarn: „Draußen steht noch ein schwarzer Koffer." Ein Blick in den Rückspiegel machte die peinliche Situation deutlich. Der erste Stopp erfolgte zur Bergung meines eigenen Koffers.

Es wird von Busfahrern erzählt, die, um ihre Tasche nicht zu vergessen, diese direkt vor dem Bus abstellten. Vergessen war sie dann aber doch nach dem Gepäckverladen. Die ersten gefahrenen Meter zerquetschten Rasierapparat und Badelotion, Miniradio und Kassetten, gaben dem jeweiligen Gepäckstück eine völlig neue Form.

Die Busse haben ganz unterschiedlichen Stauraum. In den meisten kann man gut 1-2 Gepäckstücke pro Person laden. Mir sind aber auch andere, eben „Ausnahmesituationen", in Erinnerung.

Mit einem angemieteten Bus fuhren wir vor etlichen Jahren nach Sizilien. In jeder nur möglichen Klappe rings um den Bus mussten die Koffer und Taschen untergebracht werden, so beispielsweise auch neben dem Motor. Abends, nach der Fahrt, war dann nicht nur die äußere Hülle des Gepäckstückes heiß, sondern auch der Inhalt durchgewärmt. Am nächsten Morgen standen die Betroffenen des Vortages vor dem Bus und passten genau auf, wohin ihr Koffer verbracht wurde, sie verwiesen demonstrativ auf die Nachteile des vorangegangenen Platzes im Kofferraum. Also kam in diesen Stauraum das Gepäck anderer Gäste. Am darauffolgenden Morgen standen diese am Bus. So ging es weiter, bis allen klar war, dass keine andere Möglichkeit des Gepäcktransportes bestand.

Ein andermal begleitete ich einen Heilkur- und Bädertransfer nach Ungarn. Ein Doppelstockbus brachte Gäste in einer Nachtfahrt zum Plattensee. Zurück sollten über 60 Gäste mit uns reisen. Jeder weiß, der Gast, der Heilkuren bucht, hat in den meisten Fällen gesundheitliche Beschwerden, fährt ins Thermalbad, lässt sich dort behandeln und führt demzufolge auch eine größere Anzahl von Gepäckstücken mit sich.

Ich werde diesen Transfer nie vergessen. Es gab keine Sitzplatzlisten, jeder Gast, der einstieg, erklärte mir, dass er nur unten und vorwärts sitzen könne. Das Reisebüro habe es versprochen, der Gesundheitszustand mache es erforderlich... Ich aber hatte bestenfalls 14 der gewünschten Plätze. Ein Schwall von Argumenten ging über mich hernieder. Aber ich hatte sie ja nicht, diese Plätze vorwärts unten.

Nachdem ich die kritische Situation weitgehend gelöst hatte, stand das „Kofferproblem" im Raum. Noch versuchten die Busfahrer an den einzelnen Hotels, das Gepäck nach Ausstiegen zu ordnen, das Gepäck nach D. getrennt vom Gepäck nach L. oder C. Nach zwei Stunden setzte jedoch ein starker Gewitterregen ein und die Gäste, die wir abholten, ließen ihre Koffer einfach stehen und stürmten ins Trockene, in den Bus. Eine Unmenge an Gepäck war von uns zu verladen. Wir stapelten im Skikoffer, in der Schlafkabine des zweiten Fahrers, in der Miniküche, ja sogar auf der Treppe, die nach oben zu den Gästen führte. Schließlich hatten wir alles drin, die Gäste und das Gepäck. Aber jede notwendige Pause verzögerte die pünktliche Ankunft weiter, denn es dauerte jeweils sehr lange, bis alle Gäste aus den oberen Sitzreihen herunter waren und nach der Gesundheitspause ihre Sitzplätze wieder eingenommen hatten.

Auf keinen Fall konnten wir riskieren, eine längere Pause in einer Raststätte einzulegen. Wir waren ohnehin schon im Zeitverzug. Also bemühte ich mich, über Koffer, Taschen und Gästebeine zu klettern und den Gästen wenigstens ein gewisses Maß an Service zu bieten. Wenigstens hatten die Fahrer genügend Verpflegung mit, so dass niemand hungern oder dursten musste.

Erst nach Mitternacht kamen wir in C. an, unserem ersten Ausstieg. Es regnete nach wie vor. Jetzt begann das eigentliche Chaos, „die Koffersuche". Keine Straßenlaterne erhellte unser Tun auf dem Busbahnhof. Fast alle Koffer mussten aus dem Bus geholt werden. Während wir versuchten, die Namensschilder zu entziffern sowie die Koffer und Taschen aufzureihen, damit die Reisenden einen Überblick erhalten sollten, stiegen nun auch die noch weiterfahrenden Reisegäste zwischen den einzelnen Gepäckstücken umher, packten ihre Koffer, schleppten sie hin und her, um zu verhindern, dass sich ein Fremder ihres Eigentums bemächtigte. Es bedurfte unserer ganzen Überzeugungskraft, um einigermaßen rücksichtsvoll dieses Durcheinander zu ordnen, die Gäste, die weiterfahren mussten, wieder in den Bus zu bitten und den in C. Verbleibenden den richtigen Koffer zuzuordnen.

Die folgenden Ausstiege waren dann, gemessen an dem gerade Erlebten, ein Kinderspiel.

Meines Wissens ist danach nie wieder ein Doppelstockbus für diese Aufgabe eingesetzt worden. Trotzdem gehört eine kleine Not-Taschenlampe seit dieser Zeit zu meinem Dienstgepäck.

Heute verlief an den Zustiegen alles planmäßig. Ohne Stau kommt der Reisebus gut voran. Um unser erstes Tagesziel pünktlich zu erreichen, müssen wir an allen Sehenswürdigkeiten vorbeifahren.

Am frühen Nachmittag können wir endlich erstmals die Alpen sehen. Die Autobahn verläuft über den Irschenberg. Von hier geht unser Blick über eine romantische Wallfahrtskapelle hinweg und verweilt auf dem beeindruckenden Panorama des Wendelsteines, der sich in einer Entfernung von etwa 25 Kilometern erhebt.

Die Zeit drängt. Gerade mal eine verspätete Mittagspause in der Raststätte „Inntal" gönnen wir uns.

Quer durch Österreich führt die Autobahn. Bis zur italienischen Grenze sind es etwa 100 Kilometer.

Wiederholt überquert der Reisebus in der folgenden Stunde den immergrünen Inn. Während er dunkelgrün und scheinbar träge im Tal dahinfließt, ist er zu Beginn seiner Reise, im Engadin, gletschergrün, d.h. helltürkis-milchig, und umspielt leicht die im Flussbett liegenden abgerundeten Steine. Das zu sehen bereitet mir bei jeder neuen Begegnung mit dem Gebirgsflüsschen Freude.

Beeindruckend sind sie alle, die kleineren und größeren Orte im Inntal, die von einer geschichtsträchtigen Vergangenheit künden. Durch den Erzbergbau im Mittelalter wurden sie reich; noch erhaltene Gebäude in den Stadtkernen erzählen davon. Und alle Orte haben eines gemeinsam; sie orientieren sich auf den Tourismus, sowohl den Familientourismus als auch den Action-Tourismus.

Von Schwaz kommend ist der Hausberg der Innsbrucker, der Patscher-Kofel, schon von Weitem zu sehen. Die runde, nackte Bergkuppe rückt unaufhaltsam näher. Als Reisender weiß man nicht, wohin man zuerst blicken soll.

Die Stadt Innsbruck ist zu groß, um sie im Vorbeifahren zu erfassen. Und trotzdem erscheint sie spielzeugartig klein vor der mächtigen Kulisse des Karwendelgebirges. Schnee- und Eisreste ruhen fest im zerklüfteten Berg, mit Rinnsalen vergleichbar, die ihren Weg ins Tal suchten. Das imposante Gebirgsmassiv lenkt zumindest meinen Blick völlig von der Stadt ab.

Gleich darauf fährt der Bus durch den Bergisel. Dass hier der Tiroler Freiheitsheld Andreas Hofer seine erste bedeutende Schlacht schlug, erfahren jetzt die Gäste von mir. Ihr Interesse galt aber mehr der berühmten Bergisel Schanze, der olympischen Sprungschanze, die auch Austragungsort so vieler Vierschanzentourneen war, die sie zu Hause im Fernsehen verfolgt hatten. Die olympischen Ringe am Schanzenturm waren bis 2001 weithin sichtbar. Danach wurde die Schanze abgerissen und durch einen Neubau ersetzt.

Die Auffahrt zum Brenner, dem niedrigsten Übergang über die Zentralalpen, bleibt für die meisten Gäste der beeindruckendste Teil des ersten Reisetages.

Man sagt häufig, dass das Ersterlebnis prägend sei. Das kann ich bestätigen. Ich hatte dieses Gebirgspanorama erstmals in einer eisigen Februarnacht gesehen. Damals fuhr ich privat nach Italien. Es war Vollmond, die Bergzinnen glitzerten silberfarben, und tiefe Schatten entstanden dort, wo der Mond sein Licht nicht hinschicken konnte. Obwohl ich auch im Bus saß, hatte ich das Gefühl von tiefer Stille und alles bestimmender Natur. Seit dieser Zeit freue ich mich schon im Voraus auf die Begegnung mit den Alpen.

Viele Vorstellungen sind mit dem Namen „Brenner" verbunden. Zuerst natürlich der 1 371 m hohe Brenner-Pass, dann die Brenner-Autobahn, die elektrifizierte Brenner Eisenbahn, die Brenner Bundesstraße, der Ort Brenner selbst, dessen Bahnhof bereits auf italienischer Seite ist und natürlich der in allen Reiseführern genannte Brenner-See (1 356 m hoch). Läge er geografisch nicht so exponiert, kaum einer der Reisenden würde ihn überhaupt beachten.

Inzwischen ist es Nachmittag geworden.
Die lange Fahrtzeit macht sich bemerkbar, die Gäste sind abgespannt. Zum zweiten Mal schon habe ich Kaffee gekocht, den sogenannten „Buskaffee", einen starken Kaffee, der nie fehlen darf, besonders wenn Sachsen auf Reisen gehen. Ohne Probleme balanciere ich durch die Mitte des Busses.

„Aller Anfang ist schwer." Diese Redewendung galt auch für mich, als ich als Reiseleiterin begann. Nie zuvor war ich als Serviererin tätig gewesen. Würde ich in einem fahrenden Bus Gästen den Kaffee gefahrlos bringen können? Lange Zeit dachte ich darüber nach, welche Lösung es geben könnte. Dann glaubte ich, den rettenden Gedanken zu haben: eine größere Keksdose, nicht allzu hoch und mit Platz für 4-5 Kaffeebecher. Sollte der Kaffee „schweppern", also verschüttet werden, dann würde bei der Verwirklichung meiner Idee das heiße Getränk nur in der Dose landen, nicht aber auf Hosen, Jacken oder Röcken der Gäste.

Auch in der Praxis klappte das Verfahren recht gut. Von Reise zu Reise wurde ich sicherer. Eines Abends haben die Fahrer wohl zu ihrer Belustigung die Dose vor den Bus gelegt und sind absichtlich darübergefahren. Als ich am folgenden Morgen den Gästen Kaffee bringen wollte, suchte ich meine Servierhilfe vergebens. Nur die Blicke zwischen den Fahrern machten mich stutzig, so dass ich nicht nachfragte. Aber zu diesem Zeitpunkt brauchte ich die Dose auch nicht mehr, der schwere Anfang war vorüber.

Jahre später gab es auf den Bussen die unterschiedlichsten Servierhilfen, die dann nicht mehr belächelt wurden.

Nicht nur „im" Bus, auch außerhalb des Busses während der Reisen musste Lehrgeld bezahlt werden. Hatte ich mich auf ein neues Reiseziel, ein neues Land, vorzubereiten, dann betrieb ich die Vorbereitung sehr intensiv: Kartenmaterial wurde studiert, ich saß tagelang in Bibliotheken, wälzte Lexika, Reisebeschreibungen, ja sogar Biografien, Märchenbücher, Kochbücher... Und trotzdem blieb ein Rest Unsicherheit und Nichtwissen, besonders das Lokale und den Alltag betreffende Informationen fehlten.

So hatte ich beispielsweise bei der Ur-Fahrt 1997 nach Griechenland ernsthafte Probleme, weil ich selbst vorher nie in diesem Land weilte. Zu beantworten hatten wir Fragen nach der Höhe der Eintrittsgelder, ohne Anfahrtsbeschreibungen mussten wir Hotels in uns fremden Städten finden, interessante, sehenswerte Pausenplätze festlegen, eine Bergwanderung auf dem Olymp durchführen, Ausgrabungen kommentieren, weil der Fremdenführer nicht gekommen war. In solchen Situationen nützt die beste Vorbereitung, der dickste Hefter nichts.

Ein Gast meiner Reisegruppe hat mich damals zutiefst beleidigt. Seine Worte: "Ja, wenn wir nicht einen Würstelkocher als Reiseleiter hätten..." schmerzten. Glücklicherweise waren es die einzigen hässlichen Bemerkungen, die mir zu Ohren gekommen sind. Etwa ein Jahrzehnt später traf ich ihn wieder auf einer Fahrt ins südliche Italien. Er verhielt sich wie jeder andere Gast und gab nicht zu erkennen, dass er schon mit mir gereist war. Aber ich habe ihn sofort erkannt, hätte ihn unter Hunderten herausgefunden.

Diese Route ist uns bekannt, wir fahren sie schon seit Beginn der 90er Jahre.

Der Bus rollt mittlerweile abwärts; die Landschaft selbst sorgt für die notwendige Abwechslung, und ich bemühe mich, die Fahrt wortreich zu begleiten: Brenner-Thermen, Vipiteno (Sterzing), erste Stadt auf italienischem Boden, alte Burgen und Schlösser, Eisack- und Etsch-Tal, Wein und Kiwi, links die Dolomiten, die Franzensfeste rechts, Brixen, Bozen und wieder Wein- und Obstanbau. Der Fluss wird breiter, gewaltiger... Die Fahrtroute verläuft im Etsch-Tal parallel zum Monte Baldo-Massiv. Der Gardasee mit seinem besonderen Flair ist zu erahnen, einzelne mediterrane Pflanzen wie Olivenbäume, Zedern und Palmen stehen in der Nähe der Autobahn.

Bald wird die Fahrt an diesem Tag beendet sein. Die erste Übernachtung ist in San Zeno di Montagna, hoch über dem GARDASEE, geplant.

Zu Beginn des Sommers war ich schon einmal hier. Etliche Kehren und Kurven führen, von der Autobahn kommend, auf die Hochebene. Ein Gewitter zieht auf, aber noch kämpft die Sonne gegen die durch den Wind herantreibenden Wolken. Die Reisenden bestaunen die beeindruckende Landschaft, die südliche Vegetation, die Surfer mit ihren bunten Segeln, die von hier oben wie kleine Wimpel wirken. Fast hat der Bus den Ort erreicht, aber nur fast. Da passiert es an der letzten Kehre. Gummigestank und dicke Rauchschwaden künden von dem Malheur. Schneller als sonst am Tage steigen alle aus, wird das Gepäck aus dem Bus geholt.

Was tun? Nur ca. 20 Minuten Fußmarsch trennen die Gäste vom Hotel, von Abendessen, Dusche und Bett.

Ich habe Glück. Ein Schweizer Bus kommt bergauffahrend vom Ausflug zurück. Ich kann einsteigen, um Hilfe zu holen. Oben im Ort ist ein österreichischer Reisebusfahrer sofort bereit, die Wartenden abzuholen. Auf dem Weg ins Tal staune ich nicht schlecht. In einem italienischen Linienbus saßen alle meine Gäste. Der italienische Fahrer hatte Soforthilfe geleistet. Aufatmend konnte ich damals feststellen, dass die ganze Aktion dank internationaler Hilfe für die Gäste weniger als eine Stunde gedauert hatte.

Wie auf Kommando entlud sich nun das Gewitter über der Landschaft und dem stehenden Bus. Der Fahrer

*hatte sich schon auf eine lange Nacht eingerichtet,
denn in der Kehre des Bergmassivs stand der Bus so un-
günstig, dass eine ständige Sicherung notwendig war.
Der Gewitterguss kühlte Reifen und Bremsen ab, und
kaum zu glauben, der Bus ließ sich nach Stunden wieder bewegen und konnte langsam auf einen Parkplatz
rollen.*

*Am nächsten Morgen stand für die Gäste ein neuer Bus
aus Deutschland vor der Tür, die Reise konnte weitergehen.*

Doch heute bewältigt der Bus mühelos den Aufstieg
aus dem Etsch-Tal.

Wir werden bereits erwartet. Schnell und unkompli-
ziert erhalten die Gäste ihre Zimmerschlüssel. Die
meisten gehen nach dem Abendbrot noch bummeln,
einige wenige genießen den Tagesausklang bei einer
Flasche Wein aus der Region.

Auch Fahrer und Reiseleiter haben ein wenig Zeit
zum Erzählen. Der erste Reisetag war vorüber, es gab
keine besonderen Vorkommnisse.

Wenn es am ersten Tag Probleme gibt, dann muss
sich das verantwortliche Team ganz besonders an-
strengen.

*Ein Beispiel fällt mir sofort ein: Ich fuhr damals eben-
falls nach Sizilien. Der Fahrer, gleichzeitig der Besitzer
des Busses, war stolz auf seine neue Bus-Errungen-
schaft. Er konnte es auch sein, denn der Doppelstockbus bot den Gästen nicht nur eine besondere Aussicht,*

sondern gab ihnen auch die Möglichkeit, in einer Lounge zu sitzen, zu essen und zu plauschen.

Aber der von ihm neu erworbene, aber gebrauchte Bus hatte auch seine „Tücken". Zunächst brachte er uns nur bis zum Brenner... und von da in die Werkstatt nach Gries. Es gab keine Möglichkeit, die Gäste zuvor irgendwohin zu fahren, sie mussten also im Bus bzw. in der Nähe der Werkstatt ausharren. Die Reparatur zog sich hin. Mit zirka dreistündiger Verspätung konnten wir damals erst weiterfahren.

Aber noch nicht genug der „Sorgen". Die Anfahrt von mehr als 800 km am ersten Tag ist ohnehin die anstrengendste Etappe unserer Fahrten nach dem Süden. Damals kam noch hinzu, dass unsere Zwischenübernachtung am Westufer des Gardasees sein sollte. Das bedeutete, dass wir den See zur Hälfte zu umrunden hatten. Selbst das reichte noch nicht an abendlichen Problemen. Als wir nach 22.30 Uhr endlich im Hotel ankamen, standen wir zwar nicht vor verschlossener Tür, aber es gab nichts mehr zu essen. Weder die angekündigte warme Mahlzeit, noch ein kaltes Buffet konnte ich für meine Gäste erhalten. Die meisten nahmen es gelassen, denn am ersten Reisetag haben fast alle noch Essensvorräte.

Trotzdem sah ich natürlich die vorwurfsvollen Blicke, die andeuteten, dass ich das doch alles hätte viel besser organisieren können. Dabei hatte ich sowohl den Veranstalter als auch das Büro in Italien informiert und die Auskunft erhalten, dass bis 23.00 Uhr warmes Essen möglich sei. Für die Gäste wurde später im Verlauf der Fahrt ein Ausgleich geschaffen, ein Mittagessen in einer Gaststätte auf dem Ätna, ein Erlebnisessen vor imposanter Kulisse.

Ein anderes Mal waren wir durch einen Stau auf der Brenner-Autobahn erst gegen 20.00 Uhr am Südufer des Gardasees. Zu fahren waren vielleicht noch 20 Minuten bis zur ersten Übernachtung. Damit die Gäste ganz schnell das Abendbrot erhalten könnten, rief ich im Hotel an. Nach langer Wartepause am Handy ertönte dann eine Stimme: „Wir haben heute geschlossen." Nun musste schnell gehandelt werden. Was tun? Nur der Reiseveranstalter in der Heimat konnte um diese Zeit helfen. Etwas verhaltener in der Geschwindigkeit fuhren wir die Uferstraße weiter. Die Minuten vergingen. Ziemlich ratlos suchten Reiseleiterin und Fahrer Blickkontakt. Beide spürten die beginnende Unruhe der Gäste, denn die Reisenden auf den ersten Reihen hatten die Telefongespräche mit Hotel und Büro ungewollt mitgehört.

Dann endlich klingelte das Telefon. Die Anweisung war klar. Wir sollten zum ursprünglich festgelegten Hotel fahren. Von dort leitete uns ein PKW nach Salò weiter. Auch dieses Hotel hatte eigentlich geschlossen. Aber es wurde eine Lösung gefunden. Zum gleichen Zeitpunkt wie unser Bus kamen auch die Hotelangestellten und das Küchenpersonal. Innerhalb kürzester Zeit erhielten die Gäste Zimmer zugewiesen. Eine halbe Stunde später gab es verschiedene Sorten italienisch zubereiteter Spaghetti, die vorzüglich schmeckten, dazu Salate und eine kalte Wurstplatte.

Natürlich verlaufen die meisten Anfahrten unproblematisch. Dieser erste Tag wird von den Gästen als Urlaubstag betrachtet.

2. Reisetag: Fahrt auf die Halbinsel SORRENT

San Zeno di Montagna ist ein Urlauberort in fast 600 m Höhe über dem Gardasee mit wirklich bemerkenswerter Aussicht. Als wir am folgenden Morgen in südlicher Richtung den Ort verlassen, sehen wir den Gardasee auf unserer rechten Seite tief unter uns. Wir überblicken das flache breitere Südufer bis zur Landzunge nach Sirmione und das Westufer von Salò bis Limone.

„Wir müssen weiter... Wir können hier nicht verweilen... Wir fahren vorbei..." Solche und ähnliche Sätze werde ich während der gesamten Fahrt formulieren müssen, denn es können bei einer Rundfahrt nur ausgewählte Orte und Plätze besucht werden. Nicht immer ist das allen klar, denn man hätte ja gern...

Mitunter möchte das Reiseteam den Gästen zusätzlich etwas Besonderes zeigen, was nicht im Katalog steht. Vor 10-15 Jahren war das möglich, jetzt nicht mehr. Wir haben uns strengstens an die vorgegebenen Katalogformulierungen zu halten.

So kamen Fahrer und Reiseleiterin zu Beginn der neunziger Jahre auf die Idee, am Westufer des Gardasees entlangzufahren, obwohl Fahrzeugen über 3,50 m die Durchfahrt durch die Tunnel nicht erlaubt ist. Der Fahrer war ganz sicher, er sei schon mehrfach von Riva nach Limone und zurückgefahren. Am Sonntagmorgen war auch wenig Verkehr auf der Gardesana, der Westuferseite. Aber dann, mitten in einer Tunnelstrecke

kamen uns zwei englische Reisebusse entgegen. Sie be-
nutzten die verbotene Strecke ebenso wie wir. Der Ver-
kehr kam zum Erliegen. Aus Furcht, dass wir unseren
Bus an den grob gehauenen Felsnasen beschädigen
könnten, hatte ich mich zu einer ungewöhnlichen Akti-
vität entschlossen. Ich schob mich durch die obere Luke,
lag mit dem Oberkörper auf dem Dach, um die Fels-
wände über dem Bus besser kontrollieren zu können.
Zentimeterweise schoben sich die Busse aneinander
vorbei. Es gelang ohne Kratzer. Was hatten wir nun
von unserer tollen Idee? Der Fahrer war genervt, die
Reiseleiterin hatte mit ihrer Kleidung das Dach des
Busses geputzt und schneller waren wir auch nicht.
Von diesem Augenblick an ließ ich mich nie mehr auf
eine Fahrt entlang der Westuferstraße nördlich von Li-
mone ein.

Wie bereits erwähnt, fahren wir heute in südlicher
Richtung entlang des Sees, um zur Weiterfahrt die
Autobahn zu nutzen. Schon von weitem sieht man die
Zypressen, die auf dem deutschen Soldatenfriedhof
in Costermano gepflanzt wurden. Friedhöfe zur Erinnerung an die Gefallenen des Zweiten Weltkrieges
werde ich meinen Gästen wiederholt zeigen müssen,
denn wir fahren sowohl in der Nähe des Futapasses
als auch in Sichtweite des Monte Cassino weiter. Die
Besonderheit dieses Friedhofes in Oberitalien besteht darin, dass fast 22.000 deutsche Soldaten nach
Umbettungen aus verschiedensten italienischen Ge-
meinden hier bestattet sind.

Bald schon ist die Po-Ebene erreicht, die geografisch
südlich des Gardasees beginnt.

Meist fahren wir morgens oder abends hier entlang. Es ist immer das gleiche ruhige Bild einer fruchtbaren Landschaft. Selten sind die Vormittagsstunden in der Po-Ebene klar oder gar sonnig. Über den Wiesen wabert noch der Nebel, hinter einem Dunstschleier sehen wir zerfurchte Zedern und stolze Zypressen, Pappelwäldchen und vom Tau benetzte dunkelbraune, frisch beackerte Felder.

Es ist kurz nach neun Uhr. Obwohl wir an landwirtschaftlichen Gütern vorbeifahren, herrscht morgendliche Ruhe. Noch stehen die Traktoren still. Ein Bauer recht das letzte geschnittene Gras zusammen. Die Ernte ist eingebracht. Nicht Dörfer sehen wir, sondern einzeln stehende Gehöfte, auch Fabriken, z.T. verlassen, verfallen. Ja, es fällt auf, dass hier viele halbzerfallene Bauernhäuser stehen. Wir erfahren nicht, weshalb sie verlassen wurden oder ob nur der äußere Schein trügt.

Ich habe vergessen, danach zu fragen.

Schnell lasse ich mich wieder von der beeindruckenden Kulisse ablenken. Morgendlicher Tau glitzert auf den Wiesen, am Horizont erscheint durch die Sonneneinstrahlung der Himmel zart rosa...

Die erste Stadt in der mächtigen Tiefebene, an der wir vorbeifahren, ist VERONA.

Alle 43 Gäste schauen seit der Abfahrt „Verona Nord" intensiv in östlicher Richtung und suchen mit ihren Blicken den Horizont ab, um vielleicht doch etwas von der berühmten Stadt Romeos und Julias zu erhaschen. Bei guter Sicht ist es möglich, über der Stadt die Wallfahrtskirche Madonna di Lourdes zu erblicken, die erst nach dem 2. Weltkrieg gebaut wurde, um eine Statue der Mutter Gottes aufzubewahren.

Bestimmend für das Äußere und die Macht der Stadt war die Zeit vom 13.-15. Jh., als die Scaliger die Stadt beherrschten. Diese Signoria della Scala waren ursprünglich keine Adligen, sondern Kaufleute, die besonders mit Schafwolle handelten. Wie aus Wolle beispielsweis mit Zinnen bewehrte Stadtmauern, Residenzen und Brücken werden können, erzählt die Geschichte der Stadt und die des Herrschergeschlechts.

Verona ist eine beeindruckende Stadt. Meine Begeisterung wuchs allmählich... von Besuch zu Besuch. Deshalb erzähle ich den Gästen von meinen Aufenthalten in der Stadt, von Opernbesuchen und historischen Gebäuden. Während der Bus weiter Richtung Süden rollt, verweile ich mit meinen Gedanken noch in Verona.

Es war im Sommer. Meine Reisegruppe war für vier Nächte in einem bekannten Hotel in Abano Terme untergebracht, einem Hotel mit Thermalbad, das von den meisten Gästen eifrigst genutzt wurde. In unserem Programm waren u.a. auch Opernbesuche in Verona vorgesehen. Da meine Gruppe zahlenmäßig sehr klein war, brachte uns morgens ein Kleinbus nach Verona. Gemeinsam mit dem italienischen Fahrer versuchte ich, den Gästen möglichst viel zu zeigen, dann aber hatten alle genügend Zeit bis zum Abend, um selbständig die Stadt zu entdecken.

Während eines solchen „Freizeit-Moments" genieße ich für Augenblicke die Umgebung und versuche, sie ganz bewusst aufzunehmen. Bei sommerlichen Temperaturen über 30 Grad hatte ich eine schattige, ruhige Bank an der Etsch gefunden, die es mir ermöglichte, mich auszuruhen und gleichzeitig einen Panoramablick zu haben.

In mehreren Windungen fließt die Adige durch die Stadt. Die örtlichen Reiseleiter gaben sich alle Mühe, damit wir den zweitlängsten Fluss Italiens richtig aussprachen, nämlich mit der Betonung auf dem „A". Einer von ihnen ließ uns im Bus mehrmals wiederholen: A´dige, A´dige. Auf diese Weise eingeprägt, werde ich wohl immer behalten, dass er am Reschenpass entspringt und 400 km lang ist.

An ihm bauten u.a. Römer, Scaliger und Venezianer. Links von mir erblicke ich einen der Ecktürme von Castel Vecchio, gebaut in der 2. Hälfte des 14. Jh. Die mächtigen ziegelroten Türme und die Ponte Vecchio zeugen von mittelalterlicher Verteidigungskunst. In drei Bögen schwingt sich die Brücke über die Etsch. Der Eindruck der Wehrhaftigkeit wird noch durch einen Hauptturm in der Mitte der Brücke unterstützt.

Sind es die Schwalbenschwanz-Zinnen oder gibt es andere Gründe, weshalb die Brücke trotz allem leicht wirkt? Veroneser Marmor kennzeichnet die Bogenführung und kontrastiert mit dem Rot der Backsteine, dem Grün der Pflanzen und der hellgrün-weißlichen Farbe des Flusses. Hunderte von Tauben, die über dem Fluss fliegen, beleben und vervollständigen das beeindruckende Bild.

Die schlicht-moderne Ponte Vittoria zu meiner Rechten erscheint durch das grelle Sonnenlicht fast weiß. Der Blick wird jedoch magisch angezogen von der auf einem Hügel thronenden Wallfahrtskirche Madonna de Lourdes, hier sagt man schlicht Belvedere. Zwischen Olivenhainen und Zypressen erhebt sie sich auf einem Plateau. Wer nach Verona kommt, „muss" hinauf und hat dann ein unvergleichliches Erlebnis: die Stadt liegt dem Besucher zu Füßen. Mehrmals stand ich schon dort oben. Wie klein dann die Stadt wirkte, wie weit die Ebene.

Die Etsch windet sich mäanderförmig durch die Stadt. Die historische Altstadt mit dem Theater ist in einem Halbkreis des Flusses eingebettet. Die Schnur des Wassers und die scheinbar unendlichen Mauern (13 km), die von Festungen unterbrochen werden, umarmen die Stadt. Immer wieder erblickte ich Mauern, die von Römern, Scaligern, Venezianern und Habsburgern gebaut, erweitert und verfestigt wurden. Auf zehn Kilometer Länge sind auf ihnen öffentliche Gärten und Parkanlagen errichtet. Bis zum Horizont erstreckt sich der moderne Standort Verona.

Bei meinen weiteren Betrachtungen drehe ich nunmehr der Adige den Rücken zu. Ich stelle fest, dass ich direkt vor der Kirche San Lorenzo sitze, die als Meis-

terwerk Veroneser Romanik gilt. Rosenbeete und Zedern, aber auch eine schützende Mauer und ein orangefarbenes Wohnhaus mit grüngestrichenen Fensterläden versperren den direkten Blick. Ich stehe auf, um die abwechslungsreiche Fassade genauer betrachten zu können. Auf der einen Seite begrenzt der viereckige Glockenturm, der aus rotem Backstein errichtet wurde und eine rote Ziegelturmhaube in der Form einer umgekehrten Eistüte trägt, das langgestreckte Gebäude. Auf der anderen Seite sind es zwei unterschiedlich hohe runde Türme, die Festungstürmen ähneln und abwechselnd aus Lagen weißen Tuffsteins und rotem Ziegelstein bestehen. Mich faszinieren auch die vier Säulen vor dem Langhaus... korinthische Säulen mit Akanthusblättern als Ornamente.

Quer durch die Altstadt laufe ich noch einmal zur Piazza Erbe. Aber nicht dieser malerische, alte Platz mit seinen Obst- und Gemüseständen ist mein Ziel, sondern das ganz in der Nähe befindliche Elternhaus der durch Shakespeares Drama bekannten Julia Capulet. Ich brauche nur dem Strom der Touristen zu folgen.

Von der Via Capello schiebe ich mich mit den anderen durch ein Tor in einen Innenhof, doch zunächst kann ich überhaupt nichts erkennen... außer einer Menge drängelnder, fotografierender Touristen. Ich trete zur Seite, und nun sehe ich über mir den weltberühmten Marmorbalkon, auf dem einst die junge Julia ihren liebestollen Romeo empfing. Doch diesmal ist es keine blonde Julia, die da oben steht, sondern eine schwarz-

haarige Japanerin nach der anderen, die auf den Bal-
kon tritt. Kameras und Fotoapparate surren und kli-
cken.

Am mit Efeu bewachsenen Renaissancehaus blicke ich
abwärts. Der Innenhof ist mit runden, hellen Kieselstei-
nen gepflastert und ein kleines Kunstwerk für sich.
Mein Blick wird abgelenkt von einer wunderschönen
Statue der Julia. Um sie herum drängen sich die Män-
ner der japanischen Reisegruppe, um mit ihr zusam-
men aufs Bild zu kommen. Ganz blank ist die „Giu-
lietta" an bestimmten Körperteilen, die von den in
Foto-Positur stehenden Männern immer wieder be-
rührt werden.

Ein Stuhl und ein echter italienischer Cappuccino im
Schatten eines Sonnendaches, das sind Wünsche, die
sich der Reisende gern erfüllt, wenn er an einem heißen
Sommertag die Stadt besucht.

Ich finde einen solchen Platz auf der Piazza Bra, von
der man sagt, dass es einer der schönsten Stadtplätze
von ganz Italien sei. Die Mitte des Platzes ist begrünt,
ein Springbrunnen und Blumenrabatten schmücken
das Rund. Nie versiegender Verkehr rollt. Der Palazzo
della Gran Guardia und das neoklassizistische Rathaus
werden meistens nur als Schattenspender betrachtet.

Von hier aus schaue ich auf die Arena.

Ohne Zweifel ist sie das berühmteste Bauwerk der
Stadt. Nur wenige der 72 Bogenöffnungen kann ich
von meinem Platz sehen. Quader rötlich-weißen Mar-

mors leuchten in der Nachmittagssonne. Von der äußeren Umfassungsmauer, die einst von einer Stein- und Ziegelkrone abgeschlossen wurde, ist nur noch wenig erhalten.

Die meisten Touristen, die jetzt die Stadt entdecken, werden am Abend im großen Rund der Arena sitzen. Der Ansturm beginnt am frühen Abend, bereits Stunden vor dem Einlass. Nur die wenigsten haben Platzkarten; sie kommen später elegant gekleidet und unterscheiden sich schon äußerlich vom Touristen. Mit Interesse verfolge ich, wie Tausende vor den benannten Eingangstüren in sommerlicher Hitze ausharren. Ein Opernbesuch ist in Italien ein Familienfest, es sind also alle Familienangehörigen gekommen – mit dem notwendigen „Gepäck": Sitzkissen, Kleidungsstücke, wenn es kühl werden könnte oder gar regnen, etwas zu essen für die Kleinen oder Großen. Die Touristen stehen ebenfalls mit Taschen, Beuteln und Rucksäcken in der Schlange. Sie dominieren zahlenmäßig eindeutig. Dann werden die Eingänge geöffnet, das Publikum drängt in das Oval. Es ist Zeit für mich, ebenfalls einen Platz auf den Steinstufen zu suchen.

Das Amphitheater war in der Vergangenheit Festung und Ort der Gerichtsbarkeit, hier haben Stierkämpfe stattgefunden und Reitturniere, es fanden Märkte statt und es wurde Theater gespielt. Wie zur Zeit seiner Erbauer sitzen die 22.000 Zuschauer, damals sollen es 25.000 gewesen sein, eng beieinander. Ich finde eine freie Stelle ziemlich weit oben, 38. Stufe. Das hat den Vorteil, dass etwas kühlere, frische Luft zu spüren ist. Schon bin ich mittendrin im Spektakel. Eine Vielzahl *von Eis-, Panini- und Programmverkäufern zwängt sich durch die nicht vorhandenen Gänge, d.h. sie laufen auf eben den Steinstufen, auf denen die Opernbesucher Platz genommen haben. Die Kühltaschen und Körbe auf ihren Schultern oder Köpfen tragend, werben sie lautstark und übertönen das Gemurmel im Rund: „Gelati–Eiskrem!", „Signori–Gelati!", „Vino–Panini!", "Libretti–Programmi!", „Coca-Cola, Fanta, Vino!"*

Beifall erhielt ein junger Mann, der Sitzkissen in knallroter Farbe anbot. Dabei sang er mit lauter Stimme: „Ein Kissen... 3.000 Lire!" Die Menge antwortete im gleichen Singsang: „Zu teuer!" Das wiederholte sich, bis der Verkäufer einen volltönenden Chor dirigierte.

Ich erinnerte mich, dass ich vor zwei Jahren ebenfalls „Aida" besuchte. Damals gab es unter den Verkäufern noch mehr, die zum Singen animierten. So wurde der Einzugsmarsch aus der Oper von den jungen Leuten immer wieder angestimmt, und das Publikum sang begeistert mit. Dazwischen rollten die Olé–Wellen, wie wir sie aus den Sportarenen kennen. Als damals die Aufführung begann, hatte ich sicherlich bereits zehnmal den Einzugsmarsch begeistert mitgesungen.

Noch immer kamen neue Zuschauer. Als zum ersten Mal der Gong erklungen war und sich im Oval der Arena alle erwartungsvoll der Bühne zuwandten, kamen Nachzügler. Ich traute meinen Augen kaum, sie kamen mit einer rosafarbenen Babybadewanne. Diese wurde von Reihe zu Reihe in ziemlicher Geschwindigkeit durchgereicht, bis sie in meiner Nähe abgestellt wurde. Die beiden Opernbesucher, die zur Wanne gehörten, lüfteten auch bald das bedeckte Geheimnis: Tüten mit Esserei und Getränke, Kissen und eine Decke.

Aber all der Rummel war vorbei, als allmählich im großen Oval die Lichter verlöschten. Tausende kleine Lichtchen traten an die Stelle der großen Flutlichter, die Ouvertüre wurde gespielt und es herrschte atemlose Stille im Rund. Nur die großen Fahnen knatterten im leichten Abendwind. Ein faszinierendes Erlebnis.

Die Stadt zieht aber auch Lebenskünstler aller Art an. Vor der Arena, dort wo die Menschen auf Einlass warten, beobachte ich einen Rollschuhläufer. Aus dem Studentenalter war er schon eine Zeit heraus. Aber Rollschuhfahren konnte er. Sogar eine Standwaage und etwas, was einer Pirouette ähnelte, brachte er zustande. Dazu spielte er auf einem Akkordeon bekannte Weisen und sang diese mit kräftiger Stimme. Ganz schnell wurde er umringt. Als er dann die letzten Runden mit seinem Hut, um Geld bittend, fuhr, gab es kaum jemanden, der sein Tun nicht honorierte.

Langsam wird es aber wieder Zeit, mich auf die augenblickliche Fahrstrecke zu konzentrieren. Aber Erinnerungen lassen sich nicht einfach verdrängen.

In unserem Reiseprogramm ist mitunter auch ein Tagesausflug nach VENEDIG vorgesehen. Vom Hotel dauert die Busfahrt eine reichliche Stunde bis zum großen Busparkplatz, dann erfolgt die Weiterfahrt mit Booten durch den Canale Grande bis zum Markusplatz. Während dieser Zeit erfolgt in der Regel der Wechsel zum örtlichen Reiseleiter, der alles Wissenswerte vermittelt und den Ablauf des Aufenthaltes bestimmt.

Was aber passiert, wenn doch einmal kein Verantwortlicher pünktlich zur Stelle ist?

Bereits auf meiner zweiten Reise nach Venedig ist mir das passiert. Was tun? Zuerst einmal umrundete ich mit einem großen Schild, auf dem der Name der Reisegruppe stand den gesamten Eingangsbereich. Niemand meldete sich. Sollte ich allein den Gästen die Stadt zeigen? Ich zögerte. Zwar könnte ich viel über die Stadt erzählen, aber mit dem Wissen und vor allem mit den Ortskenntnissen eines hier ansässigen Reiseleiters konnte und kann ich mich nicht messen. Deshalb war ich froh, als ein Mann auf uns zukam, mich direkt am Bus ansprach und sich als freiberuflicher Reiseleiter anbot. Er nannte sich „Marco Veneziano" und sprach einwandfrei deutsch. Froh darüber, eine Lösung gefunden zu haben, nahm ich das Angebot an. Ich sollte es auch nicht bereuen, denn er war ein überaus charmanter, informativer Reiseführer, von dem die Gäste noch Tage später begeistert sprachen.

Ich überlegte. Irgendetwas an dem glatzköpfigen, dunkelgekleideten Mann, um den sich meine wissensdurstigen Touristen sammelten, stimmte nicht. Ich betrachtete ihn kritisch, konnte aber keine Fehler in seinen Darlegungen finden. Da stand er nun, äußerlich genauso aussehend, wie ich mir aus der Literatur und den Filmen den redegewandten Mussolini vorstellte. Und auf einmal fiel es mir ein: „Marco Veneziano"..., so kann niemand heißen, der eine Reisegruppe vom Markusplatz aus durch Venedig führt.

Nach dem Stadtrundgang erhielten die Gäste Freizeit, und ich nahm die Einladung zu einem Glas Sekt in einem kleinen Straßencafe am Canale Grande an. Kaum hatten wir Platz genommen, hatte ich schon herausgefunden, dass unser Marco Veneziano in Wirklichkeit ein Karl-Heinz aus Düsseldorf war. Aber das störte weder mich noch meine Gäste, die auch am folgenden Tag von ihm nach Pisa und Vincenza begleitet wurden.

Bei dem folgenden Besuch in Venedig blieb ich in der freien Zeit allein, um die „kleinen Erlebnisse" auf mich wirken zu lassen. Ich begann mit dem berühmten Markusplatz.

Gleich mir hatten Hunderte Besucher auf Bänken, Treppen oder direkt auf der Straße Platz genommen. Jedes kleinste schattige Plätzchen war besetzt. Nur die Plätze vor den Cafes blieben frei, weil die Getränke zu preisintensiv sind. Mein erster und letzter Cappuccino auf dem Markusplatz kostete beispielsweise 14.000 Lire. Obwohl ich den Gästen regelmäßig erkläre, dass sie den historischen Boden und die Aussicht mit bezahlen, hatte ich selbst dieses „Lehrgeld" auf dem Markusplatz zu zahlen. Seitdem setze ich mich wie alle anderen einfach auf eine Treppe, einen Absatz oder Vorsprung.

Kürzlich saß ich zu Füßen des Dogenpalastes und beobachtete das Geschehen.

Gondoliere mit weißen Hemden, farbigen Schweißtüchern oder auch blau-weiß gestreiften T-Shirts warben lautstark. Besonders auffallend waren natürlich die Venezianer mit den bekannten Strohhüten, deren rote Bänder im Wind flatterten. Im Fernsehen hatte ich einen Beitrag gesehen, in welchem erzählt wurde, dass die traditionsbewussten Gondoliere keine Frauen in ihrem Beruf wollen.

Linienboote, Ausflugsdampfer und Fähren fuhren durch die Lagune. Dazwischen sah man immer wieder die schmalen, schwarzen Gondeln, winkende Gäste, singende und Akkordeon oder Gitarre spielende Gondoliere.

In Gedanken versunken saß ich und schaute dem Treiben zu. Auf einmal ertönte ein lauter Knall, ein Schuss. Viele Besucher schreckten so wie ich aus ihren Betrachtungen, denn Tausende Tauben, die zum optischen Bild des Markusplatzes gehören, stoben davon. Sie schwirrten kurzzeitig über unsere Köpfe, bedrängten die wogende Menschenmenge, die ihrerseits wieder versuchte, durch schnelle Armbewegungen die Tauben von sich fernzuhalten. Das alles dauerte aber nur wenige Augenblicke. Die Tauben kehrten auf ihre angestammten Futterplätze zurück.

Genug ausgeruht, noch Vieles steht auf meiner Touristenliste. Mit dem letzten Glockenschlag, mittags 12 Uhr, betrat ich den Platz vor der Chiesa Santa Maria della Salute, einer im 17. Jh. erbauten Kuppelkirche. Zur gleichen Zeit sah ich, wie die große Eingangstür geschlossen wurde: Mittagspause. Endlich einmal hatte ich Zeit gefunden, um den Weg entlang des Canale Grande zu gehen, und nun war sie geschlossen.

Vor der Kirche führten Treppen hinab zum Kanal, der an dieser Stelle ins größere Gewässer mündet. Auf den Steinstufen zum Fluss nahm ich Platz. Linienbusse, Taxen und vor allem die Gondeln bestimmten das Geschehen. Versorgungsfahrzeuge, Post, Müllabfuhr, Koffertransporte zum Hotel, selbst Krankentransporte und Feuerwehr, jeder ist auf Schiffe angewiesen. Mittendrin fährt ein kleiner Konvoi, der aus sechs Gondeln besteht. Wie so oft ist es höchstwahrscheinlich eine japanische Gruppe, die sich einen Akkordeonspieler und einen Sänger „gemietet" hat. Unser Beifall für den musikalischen Beitrag ist echt, denn der Widerhall der Musik von der großen Kirche della Salute ist beeindruckend.

Auf der anderen Seite des Flusses, der Canale Grande ist nichts anderes als der kanalisierte Brenta, stehen prächtige Palazzi. Jedes dieser Häuser bis hin zum Glockenturm auf dem Markusplatz ist mit Markisen und Sonnenschirmen in den Farben der besitzenden Familien geschmückt. Selbst die Anlegepfähle vor den Häusern, die die Funktion eines Parkplatzes für die hauseigenen Schiffe haben, tragen die Familienfarben. Obwohl die gesamte Straßenflucht von der Sonne beschienen wird, sehe ich die Auswirkungen der negativen Umwelteinflüsse: Putz und Farbe sind z.T. abgebröckelt, die Nässe steigt von unten auf.

Ich schlendere langsam zurück. An der Ponte de la Cortesia, die über einen kleinen Kanal führt, bleibe ich noch einmal stehen. Ein Transportschiff blockiert mit seiner Trinkwasserladung den Verkehr, die Gondeln müssen sich „anstellen". Wahrscheinlich ist es eine günstige Stelle für den Sänger, den ich schon zuvor beobachtet hatte. Er erhob sich und seine Stimme und war sich seiner Wirkung auf das Publikum in den Booten und auch außerhalb durchaus bewusst. Die Mädchen warfen ihm Kusshände zu, er straffte seine athletische Statur, warf sein geöltes, schwarzes Haar nach hinten und schmetterte noch ein Lied. Dann hatten die Arbeiter das Transportschiff entladen, die Gondoliere fuhren weiter. Für einen Augenblick war absolute Ruhe am Kanal.

Venedig ist ohne seine Kanäle als Verkehrsadern undenkbar. Und trotzdem war Venedig im Winter 2004/2005 eine „trockene Stadt". Ich sah Zeitungsbilder, die dokumentierten, dass der Schiffsverkehr in vielen Kanälen zum Erliegen gekommen war, dass bei Ebbe teilweise nur noch auf dem Canale Grande gefahren werden konnte. Zitiert wurde eine römische Zeitung, die Venedig mit einer Dame verglich, die nackt ist und ihre Schminke verliert.

Aber ich habe Venedig auch schon bei Hochwasser erlebt. Dann laufen die Menschen über Bänke, die zu diesem Zweck immer bereitstehen. Sie tragen Gummigamaschen, Säcke an Füßen und Beinen... und sie nehmen es ganz gelassen.

Kaffee. Schon wieder Kaffeezeit? Eigentlich immer.

Die meisten Gäste wollen nichts versäumen, deshalb trinken sie mitunter mehr Kaffee als zu Hause.

Die Autobahn führt scheinbar schnurgerade durch die PO-EBENE, an Mantua vorbei, weiter nach Süden. Je näher wir dem Fluss kommen, desto häufiger werden die Be- und Entwässerungsgräben zu beiden Seiten der Straße. Der Boden ist fruchtbar. Er wird landwirtschaftlich intensiv genutzt. Sogar Reis wird angebaut, im Frühjahr kann man die unter Wasser gesetzten Felder wie riesige Quadrate sehen.

„Po Est" heißt die letzte Raststätte vor dem Fluss. Das sechsbeinige, Feuer speiende Fabeltier auf dem Reklameschild zeigt es uns an. „Agip" ist die italienische Benzinmarke, dessen Rohstoff Erdöl in der Nähe gefördert wird.

Weiden und Pappeln kennzeichnen das nahende Ufer des Stroms, dessen Brücke wir jetzt queren. Wie bei allen Flüssen der Region wurden hier hohe Deiche gebaut, weil die Wasserführung außerordentlich unregelmäßig ist. Diesmal sind helle Schotterbetten im Fluss sichtbar, Ausdruck fortdauernder Versandungen . Aber ich habe ihn schon nach Regenfällen und im Frühjahr überquert, dann war der Wasserstand des Po gefährlich hoch, riss Äste und ganze Bäume auf seinem Weg zur Adria mit sich. Die knorrigen Weiden unmittelbar am Ufer standen dann bis zur Krone im lehmigen rotbraunen Wasser. Aber noch nicht ein einziges Mal fuhr ein Ausflugsschiff auf dem Fluss, während wir ihn querten.

Bald sehen wir Modena. Die Silhouette der Stadt zeigt Hochhaus neben Hochhaus. Die Autostadt wächst schnell, die Kräne rücken immer näher zur Autobahn Richtung Bologna.

Noch immer kann ich all die modernen Autos nicht unterscheiden, die hier und im Raum Modena produziert werden. Rot sind bei mir die Ferrari und gelb die Lamborghini.

Ich erinnere mich einer kleinen Episode, als mein Sohn noch ziemlich klein war. Wir hatten unser kleines Auto auf einem Parkplatz stehenlassen. Als wir zurückkamen, stand ein quittegelbes ebenso kleines Fahrzeug neben unserem. Im Heckfenster war ein Schild angebracht. Auf diesem stand geschrieben: "Wir wollten eigentlich einen Lamborghini kaufen, aber wir konnten den Namen nicht aussprechen." Damals konnte ich den „Witz" nicht verstehen, weil ich nichts von einem Lamborghini wusste. Ich weiß, ich habe damit alle Autokenner beleidigt. Entschuldigung.

Die Autobahn verläuft südlich um Bologna, wir haben keine Chance, die Stadt kennenzulernen. Alle Businsassen konzentrieren sich jetzt auf einen ganz besonderen Höhepunkt der Fahrt. Erstmals während unserer Reise werden wir die Apenninen auf der sogenannten Sonnenautobahn, der „Autostrada del Sol", überqueren.

Der Apennin ist ein Gebirgszug, den wir durchfahren werden, denn mit einer Länge von ca. 1.400 km

Länge durchzieht er die gesamte italienische Halbinsel, setzt er sich weiter in Sizilien fort.

Nach Florenz, auf einer Wegstrecke von etwa 100 km, befinden sich die meisten Viadukte, Brücken und Tunnel. 1960 vollendet, wird dieser Abschnitt als hervorragende Leistung italienischer Straßenbaukunst bezeichnet. Versierte Fahrer lieben diesen Fahrtabschnitt ebenso wie die Gäste. Ganz allmählich zunächst, dann in stärkeren Steigungen und über imponierende Viadukte führt der Weg durch die Bergwelt des Apennin.

Der Bus bringt uns aufwärts durch scheinbar feuchte Nebelwände, vorbei an Kiefern, Zedern und Zypressen. Gelbe und grüne Farbtöne herrschen vor, dazwischen erblickt man nur einzelne rote Blätter und kleine gelbe Tupfer am Wegesrand. Sie sehen aus wie Himmelschlüssel. Himmelschlüssel im Herbst? Aber wir fahren schon in das nächste Nebelloch, ich kann es nicht mehr herausfinden. Hier oben ist heute die Sicht nicht berauschend.

Der Pass ist erreicht. Mit 726 m ist er, der „Valio appenino", gar nicht so hoch, wie es uns nach den vielen Anstiegen scheint, nur reichlich die Hälfte des Brenner-Passes.

Unmittelbar hinter dem Pass fahren wir auf einen Rastplatz, von hier kann man sowohl das Gebirge als auch schon das ferne Sève-Tal sehen.

Alle Aussagen zur Fahrt über den Apennin werden in naher Zukunft veraltet sein, denn zwischen Bologna und Florenz wurde eine neue Verbindung gebaut.

Während der Pause kämpft sich die Sonne zunächst durch dicke Wolkenlöcher. Es wird allmählich heller und dann bescheint die Sonne großzügig die Gipfel des Apennin. Die Abfahrt ist landschaftlich malerisch, trotzdem registrieren wir die kleinen Dörfer und die Sommerfrischen, die an den Hängen zu sehen sind, nicht so intensiv wie vor der Pause. Die Gedanken eilen schon voraus nach FLORENZ.

Während die Autobahn in einem Halbkreis um die Stadt führt, sehen wir von weitem den Dom und den Campanile. Das ist natürlich die Gelegenheit für mich, von dieser wunderschönen Stadt zu schwärmen und von meinen Erlebnissen in der Stadt zu erzählen.

Fährt man mit einem Reisebus nach Florenz, ist es den Bussen nur kurze Zeit erlaubt, auf der Piazza Michelangelo zu parken. Aber wann auch immer im Besuchsprogramm, zu Beginn oder am Ende des Aufenthaltes, der Blick von der Terrasse aus etwa 100 Meter Höhe auf das Arno-Tal und die Stadt hinterlässt einen bleibenden Eindruck. Auch diese Stadt liegt dem Besucher zu Füßen! Die schönsten Panoramabilder entstehen hier. Wie alle Touristen schaute ich über den Fluss, suchte mit meinem Blick die Ponte Vecchio, den Rathausturm, die Domkuppel und war beeindruckt vom roten Dächermeer, das hellgelb gestrichene Häuser schützend bedeckt. Dieses Bild wurde umrahmt von den sattgrünen Hügeln des Apennin-Vorgebirges, vom zartblauen Himmel und einem blassen Vollmond, der über allem thronte.

Beim touristischen Kurzbesuch einer Stadt versucht jeder, möglichst viel zu sehen.

Gotischer Dom und Campanile, beide von großartigen Künstlern geschaffen, sind Ausdruck des Reichtums und der Macht früherer Zeit. Beeindruckend sind besonders ihre äußeren Maße, aber auch die farbige Marmorfassade. Dennoch ist unvorstellbar, dass im Dom 20 000 Besucher Platz haben sollen, ebenso viele wie in der Arena von Verona.

Langsam schlenderte ich noch einmal durch den langen Bau zur Kuppel. Die achteckige, große Kuppel hatte mein Interesse geweckt. Obwohl ich unter Höhenangst leide, stieg ich 463 Stufen hinauf zur Aussichtsplattform. Meine erste große Aussicht war phänomenal. Aus 91 m Höhe hat der Betrachter die Möglichkeit, sich einen umfassenden Überblick über die Stadt zu verschaffen. Selbst der wunderschöne Campanile mit seinen Gipfelstürmern lag unterhalb meines eigenen Standortes. Lange Zeit verweilte ich mit anderen Besuchern im Schutz der Laterne und genoss den Blick über die Stadt, die eingebettet in den Vorbergen des Apenninengebirges ruht.

Während der Reise mit einer kleineren Besuchergruppe machte ich mich „selbständig". Vom Zecca-Turm lief ich direkt zur Ponte Vecchio, über die sich eine wogende Menschenmenge schob. Ich ließ mich einfach treiben. Das also ist sie, die älteste und schmalste Brücke von Florenz, im 14 Jh. erbaut. Über große Pflastersteine laufe ich mitten durch die „Goldstraße". Geschäft neben Geschäft links und rechts der Straße, ein Einkaufsparadies, ein erleuchteter Konsumtempel, der nach dem Hochwasser von 1966 wiederaufgebaut wurde. Kaum zu glauben, dass diese Goldschmucklädchen einmal Läden der Fleischer waren, die bis ins 16. Jh. hier arbeiteten und ihre Abfälle direkt in den Arno entsorgten. Die Dächer der kleinen Häuschen, einst rot gedeckt und jetzt z.T. von grünem Moos erobert, verneigen sich, alte schmiedeeiserne Balkone und Klappfensterläden im Dachgeschoß begrüßend. Darunter findet man an den Rollos uralte Goldschmiedenamen, wie Piccini, Vettori, Bellini, Capelli, Vaggi. Insgesamt sollen 44 Goldschmiede hier ihre Arbeiten anbieten.

Am Ende der Brücke angekommen, wende ich mich zurück und erblicke in der Ferne erneut die beeindruckende Kuppel des Domes. Nun schlendre ich auf der rechten Seite Richtung Stadtzentrum. Der Blick wird magisch von den Schaufensterdekorationen angezogen..., hier Korallen, dort Saphire, Rubine, Perlen und Smaragde und immer wieder Gold, Gold, Gold...Colliers, Ringe, Armreifen, Anstecknadeln... Eine Welt des Schmuckes, eine Welt des Reichtums. Drinnen in den Läden sehe ich wenige Kaufwillige, die meisten stehen wie ich davor und bestaunen die prachtvollen Arrangements in den Auslagen.

Auf der Mitte der Brücke verweile ich. Drei offene Bögen erlauben den Blick über den Arno, der heute geruhsam dahinfließt. Das Denkmal Benvenuto Cellini's, *eines Goldschmiedes aus dem 16. Jh., bildet den Mittelpunkt der linken Seite. Trotz des Menschengewühles verharren unbeirrt mehrere Tauben auf Kopf und Schulter des Gold-Urahns.*

Den Fluss zur rechten Seite bleibe ich noch einmal stehen, schaue rückwärts. Mir bietet sich ein beeindruckendes Motiv, es ist neben dem Dom wohl das häufigste Fotomotiv. Drei flache Steinbögen schwingen sich über den Arno und tragen scheinbar mit Leichtigkeit die kleinen erdfarbenen Häuschen, die aussehen, als habe sie ein Künstler im Nachhinein angeklebt. Darüber, so sagte man mir, verlaufe ein überdachter Gang, durch den der Palazzo Pitti mit den Uffizien verbunden war und wohl auch noch ist. Ein Museum mit Gemälden würde sich dort befinden.

Auf dem Rückweg laufe ich noch einmal zur Piazza Santa Croce. Hier beginnt in den meisten Fällen der Stadtrundgang. Zwischen Touristen unterschiedlichster Nationalität setzte ich mich auf eine Steinbank fast in der Mitte des Platzes. Ich war also endlich „mittendrin" und beobachtete interessiert das Geschehen.

Mittendrin saß ich wirklich und wahrhaftig. Vor mir hatte es sich ein altes florentinisches Ehepaar auf Klappstühlen bequem gemacht. Sicherlich war das ihr Ersatzbalkon, von dem aus sie die Sonne genossen. Neben mir saßen auffällig Gekleidete aus Übersee, vor denen sich wiederum „malende" Chinesen platziert hatten. Diese schrieben auf kleinen selbstgebastelten Schreibpulten mit dicken, farbigen Stiften die Namen der Käufer auf weißen Karton. Die grellen Schriftzeichen gefielen besonders jungen Leuten. Sobald eine neue Jugendgruppe auf dem Platz erschien, rannte ein ganzer „Künstlertrupp" in die betreffende Richtung und drängte zum Kauf.

Natürlich dominiert die Santa Croce den Platz: weißer und grüner Marmor in der Waagerechten, dazwischen sparsames Rot. In Front links beeindruckt mich das Denkmal Dante Alighieri's, der von vier toskanischen Löwen umgeben ist, und rechts betrachte ich die Marmorfassade der renovierten Franziskanerkirche. Mein Blick gleitet weiter zu den vornehmen Bürgerhäusern mit z.T. wunderschön begrünten, beeindruckenden Loggien. Drei Fassaden sind zur Piazza hin so schmal, dass nur zwei Fenster nebeneinander die Giebelfront bilden. Dafür kann ich aber hineinsehen und erblicke hinter den in der Toskana üblichen, nach oben geklappten Fensterläden hohe Räume mit hölzernen Kassettendecken.

Das Geschehen auf dem Platz fesselte mich jedoch mehr. Anstelle der mittelalterlichen Ballspiele und Reitturniere spielten ältere Jugendliche Fußball. Händlerinnen boten bunte Tücher zum Kauf an und erhielten selbst ihre Nachlieferung per Fahrradkurier. Russische Straßenmusikanten spielten vor den Cafes ihre Volkslieder und baten anschließend um einen Obolus, den sie beim Weggehen zählten und teilten. Afrikaner trommelten, während sie vorübergingen und ganze Schulklassen, die direkt auf dem Pflaster der Piazza saßen, bildeten zusammen mit den Malern, die ihre Motive auf Staffeleien ausstellten, bunte Farbtupfer. Sogar die Hochwassermarke, die über der Tür eines Geschäftes angebracht war, konnte ich erkennen. So hoch hatte das Wasser des Arno bei seinem letzten Hochwasser 1966 gestanden.

Am selben Tag machte ich noch Entdeckungen ganz anderer Art. Inzwischen weiß ich, dass keine italienische Stadt, wo Touristen hinkommen, ohne diese „Attraktion" bleibt: Der Verkauf von Taschen, Gürteln und anderen Waren durch Afrikaner.

Es ereignete sich auf dem Platz vor den Uffizien. Maler hatten ähnlich wie auf dem Montmartre in Paris ihre Staffeleien aufgestellt und wurden von einem zahlreichen Publikum umringt. Dazwischen hatten auf Decken und weißen Laken Afrikaner ihre Waren ausgebreitet, die sie in großen Taschen und Beuteln hierhergebracht hatten.

Hauptsächlich boten sie Gürtel und Taschen zum Kauf an. Interessierte Besucher handelten, manche waren ernsthaft am Erwerb interessiert, andere blieben einfach nur stehen, weil es Spaß machte. Wie auf ein geheimes Zeichen brachen die Verkäufer plötzlich ihre Gespräche ab, packten in Windeseile ihre Angebote zusammen und liefen schnell weg. Minuten später wussten die Touristen ebenfalls Bescheid. Polizisten schlenderten scheinbar ziellos über den Platz. Und wieder Minuten später kamen die ersten Anbieter, legten ihre Laken und Decken auf den Boden, anfangs zögernd auch die Waren. Der Handel begann erneut.

Ähnliches hatte ich auch in Venedig erlebt. Nur schienen mir dort die Kontrolleure zielstrebiger vorzugehen. Aber das System der Warnung der Verkäufer funktionierte auch hier. Schnellsten Schrittes, ja sogar rennend, verschwanden die Anbieter über die Brücken in den engen Gassen. Ihre Rückkehr habe ich mehrfach beobachtet. Sie verhielten sich ähnlich wie wir als Kinder beim Versteckspiel, zuerst wurde ganz vorsichtig um die Ecke geschaut, bevor man sich hervortraute.

Nur in Rimini schien mir das „Geschäft" legal. Nach der starken Mittagshitze, wenn die ersten Urlauber wieder zum Strand gehen, kommen auch die Händler. Direkt auf dem Sand des kilometerlangen Strandes bieten sie ihre Waren an, und hier gab es alles, was ein Reisender brauchen könnte: Oberhemden, Kleider und Badezubehör, Unterwäsche und Hüte, Kosmetika und Schmuck, ja sogar Fotoapparate und natürlich Taschen, Taschen, Taschen. Die Strandbesucher schlenderten an den Waren ohne Eile vorbei, gingen um die ausgelegte Ware herum und der eine oder andere lief zu seinem Sonnenschirm zurück, um Geld für das gerade entdeckte „Schnäppchen" zu holen.

Sooft die Händler auch an die Touristen herantraten und ihre Waren als die wertvollsten überhaupt anpriesen, konnte ich jedoch niemals feststellen, dass sie unangenehm wurden, aufdringlich vielleicht.

Auch das Folgende passierte in Florenz:

Wir standen am Ausgangspunkt und warteten auf unseren Bus. Dunkle Gewitterwolken hingen über der

Stadt, erste schwere Regentropfen fielen. Die afrikanischen Verkäufer versuchten, ihre kleinen Stände zu retten, packten ihre Waren in Taschen, bedeckten ihre Tische mit großen Folien. Auch wir standen geschützt unter einen Blätterdach und schauten dem eifrigen Packen zu. Ich half und erhielt dafür in einem bunten Sprachgemisch Dankesworte, die ich kaum verstand. Auf einmal glaubte ich, doch etwas verstanden zu haben. „Alte Socke"? ... „Was hat er da gesagt?" fragte ich die umstehenden Gäste. Alle lachten. Dadurch fühlte sich der Afrikaner bestätigt wiederholte immer wieder: "Danke, alte Socke. Danke, alte Socke." Ich lachte mit, denn ich war überzeugt, dass jener glaubte, etwas Nettes gesagt zu haben. Was blieb mir auch anderes übrig.

Florenz ist auf unseren Reisen die erste große Stadt, in der wir uns längere Zeit aufhalten. Deshalb machen wir unsere Gäste hier erstmals darauf aufmerksam, dass in allen Touristenzentren auch Taschendiebe am Werke sind.

Einmal fuhr in unserer Reisegruppe ein 86-jähriger Mann, der von seinen beiden Töchtern begleitet wurde. Obwohl oder vielleicht weil er links und rechts eingehakt wurde, näherten sich ihm zwei junge Mädchen. Während die eine dem Opa auf den Fuß trat, er sich nach unten bückte, um nachzusehen, stahl ihm die andere die Geldbörse aus der Gesäßtasche. Das alles ging ganz geschwind vor sich. Die Tochter des alten Herrn hatte zwar noch das Mädchen am Kragen gepackt, aber diese hatte das Geld schon weitergegeben. Die Po-

lizei konnte auch nicht helfen. Ein verlorener Nachmittag für den Touristen-Opa, der sich damit tröstete, dass der Personalausweis in einer anderen Tasche war und seine Töchter noch Geld hatten.

Ganz besonders schlimm sind die Diebe in Rom. Einer meiner Gäste wurde gleich zweimal bestohlen, wobei ich natürlich zugeben muss, dass Touristen in den meisten Fällen leichtfertig handelten.

Ich selbst war vor dem Kolosseum schon von Kindern umringt worden, die scheinbar aufgeregt auf mich einredeten und mir eine Zeitung unter die Nase hielten, so dass ich nicht sehen konnte, was unterhalb dieser Zeitung geschah. Noch während ich zu verstehen suchte, was die Kinder von mir wollten, fühlte ich kleine Händchen in meiner Manteltasche, in der ich ebenfalls meine Hand um das Portemonnaie geschlossen hatte.

Das Bestehlen von Reisenden haben wir in vielen Ländern Europas schon erleben müssen; es ist nicht typisch für diese beschriebene Reise und kommt auch in unserem Heimatland vor.

Allerdings kann es dadurch zu größeren Störungen des weiteren Reiseverlaufs kommen. Bei sommerlichen 32°C gab es einen Treffpunkt für die Reisegruppe in San Gimignano. Wir erfuhren von einem ankommenden Paar, dass die Weiterfahrt nicht erfolgen konnte, weil ein Gast bestohlen worden war und nun mit der örtlichen Reiseleitung auf dem Polizeirevier sei. Der jugendlichen Bande war man habhaft geworden, das

Geld war auch da, aber die Vernehmungen der auslän-
dischen Jugendlichen dauerten an. Währenddessen
standen und saßen die übrigen Gäste wartend in der
Hitze des Parkplatzes. Die einmalige Aussicht auf die
Wohntürme der Stadt und die sie umgebenden Wein-
berge fanden kein Interesse mehr. Fast drei Stunden
dauerte die Wartezeit. Und noch einmal drei Stunden
Fahrzeit trennten uns vom Tagesziel in Marina di Pie-
trasanta an der Riviera di Levante. Das alles geschah
nur, weil ein gutmütiger Reisegast auf die Umarmung
eines Fremden eingegangen war, der sich wortreich
bei ihm entschuldigte, nachdem er ihn scheinbar unab-
sichtlich ins Stolpern gebracht hatte und ihm dabei das
Geld stahl.

Es ist Nachmittag und unsere Fahrt geht weiter Richtung Süden. Aus dem Fenster schauen wir auf die
Landschaft der TOSKANA.

Das Land ist im Wesentlichen eben, landwirtschaftlich genutzt durch Äcker, Wiesen und Weinanbau.
Dazwischen steigen sanfte Hügel an, auf deren Plateau Bauernhäuser mit flachen roten Dächern und
grünen Fensterläden stehen. Umgeben sind diese zu-
meist goldgelb gestrichenen Häuser von Schirmpi-
nien und schlanken Zypressen. Weinstöcke wurden
rings um das Haus, auf dem gesamten Hügel ange-
pflanzt. Dem Auge des Betrachters bietet sich eine
beruhigende, entspannende Komposition. In einem
Werbeprospekt habe ich gelesen, dass die Toskana
ein „Traumreiseland" sei. Diese Formulierung bezog
sich nicht nur auf die Landschaft, sondern auch auf

die Geschichte, die Kunstschätze und vielleicht auf den toskanischen Wein.

Die Toskana ist abwechslungsreich wie ein Bilderbuch, in dessen Seiten man langsam und genussvoll blättert. Diese Seiten sind Florenz und Elba, Pisa und Siena, San Gimignano und Montepulciano; aber auch Chianti-Wein, Schafzucht, kalt gepresstes Olivenöl, Keramik und weißer Marmor aus Carrara. Neben diesem weißen Gestein habe ich in Italien den Marmor in allen nur denkbaren Farben gesehen. In der Toskana baut man ihn aber hauptsächlich als weißen Marmor ab, grün kommt er aus der Region um Prato (nahe Florenz) und rot aus der Maremma (südlich von Florenz).

Am zweiten Reisetag hat ein Reiseleiter bereits einen Überblick über die ihm anvertrauten Urlauber. Schon beim Einsteigen in den Bus schälen sich bestimmte Reisetypen heraus. Das sind zum einen die Gäste, die mit den durch das Reisebüro festgelegten Plätzen nicht einverstanden sind. Obwohl mit den Reiseunterlagen auch der Platz im Bus mitgeteilt wird, kommt es immer wieder zu betrüblichen Zwischenfällen.

Kürzlich stieg in Z. ein älteres Ehepaar mit einem Enkelkind zu. Das nachfolgende Gespräch könnte so oder ähnlich typisch für das genannte Problem sein. Die Frau steht vor dem Einstieg und sagt: „Mir sind Sitzplätze in der ersten Reihe zugesichert worden, sonst wären wir gar nicht gefahren. Aber nun sitzt dort schon jemand." Ich lasse mir die Unterlagen zeigen und verweise auf den Vermerk „8. Reihe". Die Dame trumpft auf: „Aber mir ist es versprochen worden... Ich habe extra noch einmal angerufen." Die Zeit drängt, wir müssen weiterfahren, wenn wir an den anderen Einstiegstellen pünktlich sein wollen. Ich versuche alles, um den Gast zu beruhigen. Aber die Urlauberin ist erbost und mit ihrem Platz unmittelbar hinter dem zweiten Einstieg nicht zufrieden. Ich biete ihr Plätze weiter hinten, aber fern vom Einstieg an. Sie holt tief Luft und schleudert mir ins Gesicht: „Danke, hier bleibe ich sitzen, hier zieht es so schön."

Natürlich haben solche Gespräche auch immer zum Inhalt, dass sich der Gast bei Rückkehr über mich beschweren wird. In diesem aufgeführten Beispiel konnten am nächsten Tag mit anderen Gästen die Plätze gewechselt werden. Und retour wechselte ein Fläschchen Sekt den Besitzer. Glücklicherweise war meine zuerst grimmige Omi am Ende der Reise ganz begeistert. Aber nicht immer endet ein „Sitzplatzproblem" so gütlich.

In den Bussen, die ich bisher begleitete, waren prozentual die meisten Touristen im Rentenalter; viele Jungrentner, aber eben auch Ältere.

An den Händen haltend, sich gegenseitig stützend, stiegen zwei ca. 80-Jährige bei der letzten Fahrt Richtung Italien ein. „Oje", dachte ich und machte den Fahrer auf das Ehepaar aufmerksam. Er war optimistischer, was die mögliche Belastbarkeit während der Reise betraf. Aber schon am zweiten Reisetag versagte der Kreislauf des Mannes. „Nothalt" auf der Autobahn sobald als möglich. Wir trugen ihn auf die Rückbank des Busses.

Zuerst wollte ich auch einen Arzt rufen, denn er reagierte nicht auf meine Fragen. Glücklicherweise hatte jemand ein Blutdruckmessgerät dabei, und so konnte zweifelsfrei geklärt werden, dass dem Opa Wasser und Kaffee zugeführt werden mussten. Weil er im Bus nicht zur Toilette gehen wollte, hatte er schon den zweiten Tag kaum etwas getrunken. Er konnte demzufolge schnell von seiner „Krankheit" geheilt werden. Später, im Hotel angekommen, wählte der Hotelier bewusst ein größeres Zimmer mit Meerblick für meine beiden Senioren aus. Als ich ein wenig später in mein Zimmer gehen wollte, kam mir die Frau aufgeregt entgegen. Das Zimmer sei zu groß, sie stoße sich an den Kanten des dritten Bettes usw. Sofort bot ich ihr mein Zimmer an, das allerdings auf der anderen Seite des Korridors war. Frau R. begutachtete es. Danach schleppten wir die von ihr bereits ausgepackten Sachen über den Gang. Ich stellte meinen Koffer in das nun scheinbar mir gehörende Zimmer und wollte wieder zum Bus. Da kam Oma R. noch einmal gelaufen und meinte, dass ihr Mann doch erst jetzt gemerkt habe, dass sie nunmehr kein Zimmer mit Meerblick hätten. Deshalb wolle er doch nicht tauschen. Also wurden Koffer, Taschen, Waschbeutel und all die anderen Sachen wieder zurückgebracht. Die Hauptsache für mich war, dass der Gast wieder „gesund" war und weiter mit uns reisen konnte.

Eine weitere Gruppe von Gästen, die beim Einstieg auffallen, sind Damen und Herren mit übergroßen Taschen, die nicht im Kofferraum verstaut werden dürfen, weil in diesen die Nahrungsmittel für die Reise sind.

Unsere Gäste haben für alles Vorsorge getroffen: Kalt-und Warmgetränke, vor allem Bierbüchsen und kleine Schnäpse, Obst, Pudding und Joghurt, Schnitzel, Schnitten, Büchsenwurst und gekochte Eier werden allmählich ans Tageslicht befördert. Diese Versorgungstaschen haben keinen Platz in der Hutablage und gehören eigentlich auch nicht unter die Sitze. Spätestens eine Stunde nach Beginn der Fahrt raschelt das Papier, werden die Schätze ausgepackt, denn nun hat sich die Aufregung des Beginns einer Reise gelegt. Nun hat man Appetit, mit einem guten Buskaffee lässt sich die Zeit überbrücken.

Aber es gibt auch Reisende, wo von vornherein deutlich wird, dass sie sich in eine größere Gruppe kaum einordnen wollen oder können.

Bei einer Fahrt nach Paris stiegen in C. zwei Gäste zu, die ich für ein Ehepaar hielt. Wie sich später herausstellte, waren es Geschwister. Er, ziemlich auffällig gekleidet, mit einem Draht hatte er den fehlenden Knopf an der Hose ersetzt, das Hemd trug er bis zum Bauchansatz geöffnet. Vor allem aber roch er nach Alkohol. Seine Begleiterin war einfach, aber sauber angezogen. Ich bat um das Gepäck für diese 5-tägige Reise, um es im Kofferraum des Busses zu verstauen, und erhielt zwei Plastikbeutel. Beim Einsteigen verlangte unser neuer Gast lautstark Bier, Sekt, Würstchen, Kaffee. Er und seine Begleiterin bekamen selbstverständlich alle Wünsche erfüllt. Bei einer Nachtfahrt versuche ich stets, eine „Ruhezeit" einzuhalten, damit die Reisenden am nächsten Tag nicht zu müde sind. Nicht so unser neuer Gast. Er rauchte, da es im Bus verboten war, in der Bustoilette. Der Zigarettenrauch drang durch alle Ritzen. Ich ging wiederholt zur Toilettentür, klopfte und bat den darin Sitzenden, das Rauchen einzustellen und sich auf seinen Platz im Bus zu begeben. Die anderen Gäste schimpften wegen seines Benehmens. Während der nächsten Pause auf einer Raststätte kam er nicht pünktlich zur Abfahrt. Ich fand ihn letztendlich in der Gaststätte, wo er zusammen mit einer warmen Speise Alkohol erhalten hatte. Nachdem wir mit Verspätung weitergefahren waren, kamen Gäste nach vorn, um uns darauf aufmerksam zu machen, dass der Alkohol- und Zigarettengeruch in der Nähe des bewussten Gastes unerträglich sei. Der Fahrer hätte diesen Gast am liebsten sofort auf die Straße gesetzt. Aber dazu fehlte mir denn doch die Courage, denn inzwischen fuhren wir schon auf französischer Autobahn.

In Paris, genauer gesagt in Euro-Disney, musste eine Entscheidung getroffen werden. Der Gast litt mittlerweile unter Entzugserscheinungen, verlangte einen Arzt, wurde immer lauter. Zum ersten Mal (und auch bisher einzigen Mal) entschied ich im Einverständnis mit dem Veranstalter, einen Gast nach Hause zu schicken. Wir kontrollierten, ob er genügend Geld bei sich hatte, bestellten mit Hilfe der Rezeption ein Taxi, das ihn und seine Schwester zum Bahnhof bringen sollte und baten den Fahrer, die beiden Reisenden zur Bahnpolizei oder zum Roten Kreuz zu bringen, damit sie mit dem Zug nach Deutschland zurückfahren konnten.

Leider habe ich nie in Erfahrung gebracht, ob die Reisenden gut zu Hause angekommen sind.

Unangenehm für alle kann es auch werden, wenn Gäste sich den vereinbarten Treffpunkt nicht gemerkt haben oder aus verschiedensten Gründen nicht wieder zu diesem zurückfinden.

Während einer Reise nach Amsterdam erzählte mir eine ältere Dame, sie habe beinahe nicht reisen können, weil sie herzkrank sei. Aber nun ginge es ihr besser und sie freue sich auf die Reise. Sie habe ja auch ihre Bekannte mit, die ihr im schlimmsten Falle helfen könne. Schon nach der ersten Freizeit in Holland fehlten die beiden Frauen. Wie sich aber herausstellte, hatten sie den Treffpunkt nur nicht finden können. Ich hätte gewarnt sein müssen.

Am folgenden Tag hatte die Reisegruppe einen längeren Aufenthalt in Amsterdam. Begeistert waren alle von der Kulisse der Stadt, die wir durch Stadtrundfahrt und Bootsfahrt kennengelernt hatten. Deshalb sollte der private Bummel zeitlich so lange wie möglich ausgedehnt werden. Unser Treffpunkt war der Parkplatz nahe dem Bahnhof. Von genau diesem Standort waren die Reisenden losgegangen.

Angeregt und mit Souvenirs beladen kamen alle Gäste zurück. Nur die beiden Damen fehlten. Sie fehlten auch noch nach einer halben Stunde. Die Fahrer hatten bereits alle die Punkte zu Fuß abgesucht, wo wir im Verlaufe des Tages waren. Mit einem Taxi ließ ich mich zur nächsten Polizeistation bringen und meldete den Verlust. Alle Krankenhäuser der Stadt wurden vom Revier aus angerufen, weil ich fürchtete, dass sich der Herzanfall wiederholt hatte. Nichts. Anschließend fuhren ein Fahrer und ich im Polizeiauto durch Amsterdam, immer nach unseren Gästen Ausschau haltend. Wieder nichts. Nach anderthalb Stunden brachen wir die Suche erfolglos ab. Während dieser ganzen Zeit musste die Reisegruppe warten, denn wir wohnten ziemlich entfernt in Katwijk.

Im Hotel angekommen erfahre ich sofort, dass die beiden Frauen da sind. Mit dem Taxi waren sie ins Hotel gefahren, weil sie nicht zum Busparkplatz fanden. Empört war ich, als sie allen Ernstes von mir verlangten, ich solle ihnen das Fahrgeld zahlen. Kein Wort der Entschuldigung, nur des Vorwurfs. Die anderen Busgäste bereinigten mit ziemlich heftigen Worten die Situation. Währenddessen galt meine Sorge schon wieder dem verspäteten Abendbrot.

An den folgenden Reisetagen waren die beiden älteren Damen immer pünktlich. Seither sind sie mehrfach mit mir gereist, und jedes Mal versprechen sie mir zu Beginn einer Reise, sich Treffpunkt und Zeit gleich zu notieren, damit sie nicht wieder gesucht werden müssen.

Die Vorstellung, dass zum vereinbarten Treffpunkt Gäste fehlen, bewirkt auch nach Jahren noch ein ungutes Gefühl. Natürlich warten wir mit dem Bus... 5 Minuten, 10 Minuten, auch eine halbe Stunde. Dann bereits fabulieren die meisten Mitreisenden über mögliche Ursachen. Ein geringerer Teil zeigt weniger Mitgefühl und fordert weiterzufahren. Selten passiert etwas Ernsthaftes, meist haben sich die Verspäteten nur verlaufen.

So auch beispielsweise in der „Plaka", der Altstadt von Athen. Es passierte am letzten Reisetag, die Koffer waren schon morgens in den Bus geladen worden, ein Stadtbummel sollte das Kulturerlebnis Athen abschließen. Danach wollten wir zur Fähre nach Patras fahren, um über Italien nach Hause zu gelangen.

Zum verabredeten Zeitpunkt fehlte eine Familie. Wir warteten und warteten. Dann versuchte ich, den Umkreis abzulaufen. Nichts. „Kleinere Suchtrupps" wurden in verschiedene Richtungen geschickt. Ergebnislos kamen sie zurück. Die Zeit verging viel zu schnell. Die diensthabenden griechischen Polizisten wollten oder konnten uns nicht helfen. Wir mussten die Reiseagentur anrufen, die vor Ort half, alle Krankenhäuser anzurufen und zu befragen, ob ein Unfall eingeliefert sei. Sowohl Polizeistation als auch Krankenhaus verneinten. Nach einer reichlichen Stunde des Wartens und Suchens mussten wir los, um unser Schiff pünktlich zu erreichen. Zwei, drei Straßen waren wir gefahren, als uns ein Taxi entgegenkam, aus dem heftig gewinkt wurde. Da waren sie, unsere Verlorengegangenen. Mich freute, dass sie von allen mit ehrlichem Beifall empfangen wurden. "Verlaufen. Nicht zurückgefunden."

Ein Zufall hatte Taxi und Bus mitten in Athen zusammengeführt.

Während unseres zweiten Reisetages werden wir fast 800 Kilometer zurücklegen.

Hinter der Abfahrt bei dem Ort Fabro sieht die Landschaft wieder etwas anders aus. Der Tiber durchfließt die Ebene, und aus dieser ragen die sogenannten Tuffstein-Städte heraus.

Wir fahren zuerst an ORVIETO vorbei. Die Gäste erfahren nun, dass das Tuffsteinplateau seit der Zeit der Etrusker bewohnt wird und dass die Menschen, um dort sicher leben zu können, große Höhlen in den weichen Tuffstein trieben. Heute leben die Bewohner dort in über 300 Metern Höhe sehr unsicher. Ich erzähle von meterlangen Eisennägeln, von Betoneinspritzungen und Betonkorsetts, die nötig sind.

Nur kurze Zeit später sehen wir ORTE. Der Fluss trennt uns vom reizvollen Städtchen in luftiger Höhe. Jetzt versuchen die Reisenden, die Überreste des römischen Aquädukts und die Löcher im Tuffstein zu fotografieren, die von der Autobahn aus deutlich zu erkennen sind.

Bei unseren Kurzbesuchen in Orte hat uns u.a. fasziniert, dass da oben sogar Autos fahren können. Der Wagen muss allerdings äußerst geschickt durch die Einbahnstraßen manövriert werden. Wir Reisenden hatten bei der Begegnung mit einem Auto sofort den nächsten Hauseingang aufzusuchen. Und da wir eine größere Gruppe bildeten, war das mit ziemlicher Unruhe verbunden. Zu diesen Sprüngen von einem Hauseingang zum nächsten kam noch die Umgehung unendlich vieler Baustellen. Zurückgekehrt zum Bus waren wir uns darin einig, dass von den Tuffstein-Städten

eine große Anziehungskraft ausgeht, wir aber keines-
falls auf Dauer dort bleiben möchten.

Der Verkehr wird dichter. Wir nähern uns langsam der Hauptstadt. Aber auch hier haben wir entsprechend unserem Reiseziel nicht die Möglichkeit eines Abstechers nach ROM.

An der Raststätte „Roma est" halten wir zur Pause. Bei guter Sicht kann man ca. 30 km östlich zwischen Hochhäusern den Petersdom erkennen.

Rom liebe ich von allen europäischen Großstädten am meisten.

Möglicherweise liegt es daran, dass ich sie auch besser kenne als beispielsweise Wien oder Paris. Zu Beginn meiner Arbeit als Reiseleiterin war ich privat eine Woche hier, bin viel gelaufen. Ich behaupte immer, wenn ich eine Stadt „erlaufe", kann ich mich erst mit ihr anfreunden. Mit dem römischen Straßenverkehr werde ich es wohl nie. Hochachtung habe ich vor den Busfahrern, die uns sicher durch das Gewühl bringen. Mitunter verlangt der örtliche Reiseleiter abzubiegen, wo es verboten ist oder gar bei roter Ampel zu fahren. Ich vermag kaum zu glauben, dass wir ohne Schrammen und pünktlich ankommen. Aber es gelingt.

Viele kleine Erlebnisse, Episoden, lassen sich nach jahrelanger Tätigkeit wie eine Perlenschnur aneinanderfügen.

Gleich zu Beginn meiner Reiseleitertätigkeit hatte ich die Aufgabe, Reisende nicht nur nach Rom zu begleiten, sondern auch eine abendliche „Lichterfahrt" durchzuführen... ohne örtliche Mithilfe. Mit großem Erfolg wurde das seit Jahren in Paris praktiziert und sollte nunmehr erstmals auf die italienische Hauptstadt übertragen werden.

Wie schon gesagt, ich kannte die Stadt noch viel zu wenig und bei Nacht überhaupt nicht. Aber Auftrag ist Auftrag.

Auf der Stadtkarte hatte ich die zu fahrende Strecke eingetragen. Vom Tiber durch Trastevere ging es in vielen Windungen aufwärts zum Gianicolo-Hügel. Die Stadt liegt dann vor uns in einem Talkessel. Wir glaubten, unseren Gästen ein malerisches Lichtermeer zeigen zu können. Wie groß war ihre und unsere Enttäuschung, als wir an der Balustrade standen, vor uns jedoch ein dunkles Tal lag, aus dem nur drei hellere Punkte herausragten: der Petersdom, das Kolosseum und das 1911 vollendete Denkmal Victor Emmanuels, das die Römer scherzhaft „Schreibmaschine" oder „falsches Gebiss" nennen.

Inzwischen hat sich viel verändert, und seit Januar 1999 wird eine Vielzahl von Gebäuden touristenfreundlich angestrahlt.

Damals jedoch wollten wir als Reiseteam unseren Gästen den dunklen Anblick mit einer nächtlichen Busfahrt durch die Stadt vergessen machen. Was in Paris geht, sollte doch auch hier möglich sein. Gedacht, getan. Im Labyrinth der Millionenstadt fällt die Orientierung schon tagsüber schwer. Aber was jetzt passierte, konnte ich nicht voraussehen. Eine Baustelle und daraus resultierende Umleitungen zerstörten alle theoretischen Vorbereitungen der Crew. Straßenschilder, wie wir sie in Deutschland kennen, waren unauffindbar. In den Sandstein der Häuser eingeritzte Namen halfen uns kaum, weil sie nur dann lesbar waren, wenn der Busfahrer anhielt und ich ausstieg und zu Fuß zum Haus lief.

Großes Verständnis fanden wir daher bei den Gästen, als wir sie in einer Pizzeria zum Abendbrot aussteigen ließen und versprachen, die Fahrt am folgenden Tag zu wiederholen. Bis dahin nutzten wir die uns verbliebene Freizeit und kontrollierten Kreuzungen und Richtungsverkehr für unseren Zweck.

Soviel ich weiß, ist dieses Spätabend-Programm sofort gestrichen worden. Aber das ist schon lange her, inzwischen hat sich das touristische Programm verändert und man fährt selbstverständlich mit einem Ortskundigen.

Besonders gern versuche ich Gästen zu helfen, die gedanklich eine Liste von Sehenswürdigkeiten angehäuft haben, die in der verbliebenen Zeit betrachtet werden sollen.

Gleich ihnen nutze ich die Möglichkeit, mir einige Wünsche zu erfüllen.

Einmal stand unser Bus am Tiberufer, direkt vor dem Friedensaltar, einem Weihegeschenk des römischen Senats an den Kaiser Augustus. Nur wenige Meter trennten mich vom Grab des Augustus. Schnell eilte ich hinüber, „umschritt" bewundernd das Grabmal und nutzte die günstige Gelegenheit, mich auch im Inneren des zylindrischen Baus umzusehen. Eine solche für die römische Kaiserzeit typische Grabanlage hatte ich erst einmal auf der Via Appia Antica, der ersten großen Konsularstraße, gesehen. Es war das Grab der Caecilia Metella, und ich hatte es bei weitem besser erhalten in Erinnerung.

Ich war allein im inneren Rund, fotografierte Kapitelle und Säulenteile, beobachtete das in den zerfallenen Zylinder einfallende Sonnenlicht, beachtete aber nicht, dass inzwischen die Eisentür der Grabanlage wieder geschlossen wurde. Als ich nach draußen zurückkehren wollte, war niemand da, der mir öffnen konnte. Umherblickend sah ich nun auch, dass das Grabmal eine Baustelle war, die die Arbeiter sicher gerade verlassen hatten. Man stelle sich eine Reiseleiterin hinter Gittern im Inneren eines Monumentalgrabes vor! „Hallo, hallo, ist da niemand", rief ich laut und lauter. Allmählich geriet ich in Panik. Auf welche Weise der schlüsselgewaltige Bauarbeiter von meiner Not erfuhr, weiß ich nicht. Jedenfalls gehört der Aufenthalt im Tomb des Augustus zu den einprägsamsten Momenten, und meine Umarmung des Helfers geriet sicher auch für italienische Verhältnisse etwas zu stürmisch.

Ganz andere Erinnerungen habe ich an die Thermen des Caracalla. In der Stadt werden Bildermappen verkauft, in denen man „Rom einst und jetzt" betrachten kann. Folien, die Rekonstruktionen des Historischen sind, werden auf Fotos der Gegenwart aufgelegt, dadurch gewinnt man eine bessere Vorstellung.

Ich hätte es also wissen können, dass es ein großes Areal ist, das ich außerhalb zu umrunden gezwungen war. Fast zwei Kilometer war ich gelaufen, weil ich zunächst den Eingang übersehen hatte. Voller Staunen und Ehrfurcht betrete ich diese historischen Dimensionen. Die Thermen werden oft als Höhepunkt der antiken Baukunst bezeichnet. Im kaiserlichen Rom gab es 11 große Thermen und 900 kleinere Bäder, die größten waren die Thermen des Diokletian, wo sich 2.000 Besucher gleichzeitig aufhalten konnten.

Selbst die Ruinen der Caracalla-Thermen sind noch beeindruckend. Schade, dass vom Marmor, mit dem alle Räume ausgekleidet waren, nichts mehr zu sehen ist. Die alten Bilder zeigen Marmor in allen Farben und Schattierungen. Die ausgedehnten Thermalanlagen dienten im Mittelalter als Steinbruch für andere Paläste, es ist also nichts außer diesen kolossalen Ruinen erhalten geblieben. Ich schlendere lange kreuz und quer durch das gesamte Areal. Einmal entdecke ich interessante Fußbodenmosaike, an anderer Stelle erstaunen mich die 2 000 Jahre alten Mauern, Gewölbe und kaum noch vorhandene Andeutungen übergroßer Kuppeln. Kaum zu glauben, dass der riesige Bau im Wesentlichen nur vier Jahre dauerte (212-216).

Im Sommer dient die Anlage als malerische Kulisse für Theateraufführungen und Konzerte. Saftig grüne Blumenwiesen luden mich jetzt zum Verweilen ein. Ich fand einen Platz auf einem umgestürzten, knorrigen Baumstumpf. Ruhe umgab mich, das pulsierende Leben der Stadt war draußen geblieben. Nur wenige Besucher, ebenso von der Majestät der Bauwerke angezogen, störten meinen Blick auf die wohl imposantesten Ruinen, die ich bis dahin zu sehen bekam.

Jederzeit war ich mir bewusst, dass ich auf ehemalige Bibliotheken, Lesesäle, Theater, Sporthallen und die verschiedensten Badeanlagen blickte.

Augenblicke der Ruhe suche ich bewusst, mitunter mitten im touristischen Geschehen einer Stadt.

Sehr gern verweile ich am Brunnen vor der Spanischen Treppe, dem „Barcaccia". An dieser Stelle soll vom Vater des Künstlers ein Wrack im Schlamm des Tibers gefunden worden sein. Daraus resultierte die Idee Pietro Berninis, den Brunnen die Form eines Schiffes zu geben, an dessen rechter und linker Seite sich Wasserspeier befinden, die äußerlich dem makedonischen Sonnengott ähnlich sind. Das kühle, glasklare Wasser fließt in der Mitte des Brunnens aus einem kleinen Springbrunnen in eine Schale.

Ich sitze, dichtgedrängt mit anderen Betrachtern, auf der Brunnenumfassung und blicke zur Kirche hinauf. Ein Rhododendron-Meer, unterbrochen von weißen und roten Azaleenkübeln, die sich wie Blumenschlan-

gen die wohl bekannteste Treppe der Stadt hinaufwin-
den, trennt mich von der Trinita dei Monti. Um mich
herum höre ich nicht nur das Plätschern des Brunnens,
sondern auch fröhliches Kindergeplapper, das Gemur-
mel der zahlreichen Menschen, das Klicken der Foto-
apparate, vorbeifahrende Pferdekutschen...

Welch eine Fotokulisse!

Während der meisten Reisetage habe ich jedoch mit
organisatorischen Abläufen zu tun und kann Sehens-
würdigkeiten nur „aus den Augenwinkeln" betrachten.

Einmal war der morgendliche Treffpunkt mit dem ört-
lichen Reiseleiter an der Porta San Paolo. Die festge-
legte Zeit war überschritten. Kurz entschlossen nahm
ich das große Schild mit dem Namen des Reiseveran-
stalters aus dem Bus, hielt es mit beiden Händen wie
ein Nummerngirl hoch und drehte eine Runde rings um
den Platz. Dabei konnte ich nicht nur den Stadtführer
finden, sondern auch die Pyramide des Cestius betrach-
ten. Das 37 m hohe Pyramiden-Grabmal legt Zeugnis
ab von der Verehrung der ägyptischen Traditionen
durch den Bauherrn noch kurz vor Beginn der neuen
Zeitrechnung. Die Pyramide besteht aus Backsteinen
mit Marmorquadern verkleidet. Das entspricht der da-
maligen Bauweise. Aber eine Pyramide mitten in der
Stadt hat schon besondere Originalität.

Ich hörte, dass die Pyramide samt Grabkammer in nur
300 Tagen errichtet worden sein soll. Da das Niveau
der Stadt seither um 8 m gestiegen ist, kann man heute
nur die Spitze sehen. Die originale Gesamtwirkung des

Koloss müsste beeindrucken. Zwischen Stadtmauer und Stadttor stehend würde sie beide weit überragen.

Bald schon hatte ich Gelegenheit, hierher zurück zu kehren.

Blauer Himmel und Sonnenschein, die richtige Linie eines Stadtbusses und nach wenigen Minuten stand ich auf der Piazza Ostiense. Ziel meines kleinen privaten Ausfluges war der sich hinter der Cestius-Pyramide befindliche protestantische Friedhof, der im 18. Jh. angelegt worden war.

Einen Eingang zum Friedhof fand ich in der alten Aurelianischen Mauer nicht. Ich wollte nicht unverrichteter Dinge zurückgehen, deshalb lief ich fast um den gesamten Friedhof entlang an Mauern, ohne irgendetwas von ihm zu sehen. Dann entdeckte ich auf der Rückseite, an einem geschlossenen Tor, eine Klingel. Ich drückte auf den Knopf... und automatisch öffnete sich die Tür einen Spalt, gerade genug, um hineinzuschlüpfen.

Ich war überwältigt. Eine Oase der Ruhe tat sich auf. Aneinandergereiht waren verschiedenartigste Grabstellen: scheinbar abgebrochene Säulenstümpfe, gotische Säulen, ein Baldachin mit griechischem Kreuz, ein Eichenkranz, der das Bildnis einer Frau umgab... Besonders lange stand ich vor der Skulptur eines kleinen Jungen, der den Familiennamen Volkoff trug. Es gab besonders viele englische, griechische, russische und deutsche Namen auf den Gräbern in dem Teil, den ich besuchte.

Alle Gräber waren gepflegt. Viele Blumen waren nicht auf dem Friedhof, nur einzelne Lilien, versprengte Rosen, Glyzinien..., dafür aber schöne alte Bäume und sehr viel Efeu. Interessant waren auch die Grabinschriften. Die verstorbenen Frauen wurden jeweils nur mit dem Vornamen und dem Titel und Namen des Mannes genannt, also beispielsweise „In Frieden Ellen, Frau des Robert Taylor" oder „Priscilla, Witwe des..." oder „ einzige Tochter des Charles S... of Cliften" oder „ Marjory, wife of the late General Cunningham of Newton".

Natürlich wollte ich auch das Grab des Sohnes von J.W. von Goethe sehen, der 1840 in Rom verstorben war. Gleich hinter der sich mir öffnenden Tür hatte ich den ersten Hinweis gelesen. Ein Schild mit der Aufschrift „Goethe filius" wies den Weg, und so stand es auch auf dem schlichten Grabstein mit dem Bildnis des Toten. Seinen eigenen Vornamen aufzuführen, fand man nicht so wichtig, es war eben nicht August Goethe, sondern der Sohn des Dichters.

Auffällig war, dass zwischen den Gräbern viele Katzen umherschlichen, die von Tierfreunden gepflegt und gefüttert werden. Verschiedene Vereine warben auch für Spenden, damit die sich ständig vergrößernde Katzenkolonie auch versorgt werden kann.

Während ich noch überlegte, ob ich mir den ältesten Teil des Friedhofes direkt hinter der Pyramide anschaue, war ein Gewitter aufgezogen. Tiefdunkle Wolken hatten sich vor die Sonne geschoben. Die Entscheidung wurde mir abgenommen, denn nur Augenblicke *später entluden sich Regen und Hagel über mir. Unter einer Markise suchte ich ein wenig Schutz. Als aber selbst dort die Wasserbäche ihren Weg gefunden hatten, lief ich los, mitten durch den Regen, denn zum Treffpunkt musste ich unbedingt pünktlich sein. Das Wasser floss in breiter Spur auf den Straßen, immer neue Hagel- und Regengüsse folgten, begleitet von heftigen Donnerschlägen. In Sandalen, die Beine bis über den Knöcheln im Wasser, so watete ich Richtung Kolosseum.*

Trotzdem musste ich noch prüfen, ob die Säule von A-xum noch immer an ihrem Platz stand. Weshalb mich gerade dieser Stein faszinierte, kann ich nicht mit Bestimmtheit sagen. Möglicherweise ist es sein besonderes Schicksal. Ursprünglich stammt dieser 24 Meter hohe Obelisk aus der Hauptstadt des einst mächtigen äthiopischen Kaiserreiches und war auf Befehl Mussolinis 1937 nach Rom geschafft worden. Wie auch die alten römischen Steinsäulen war er aus nur einem Steinblock gefertigt und zum besseren Transport in mehrere Teile zerlegt worden. Zusammengefügt als Ganzes sah ich ihn bei meinem ersten Rom-Besuch in der Nähe des Circus maximus.

Durch den Regen patschend blieb ich stehen.

Er ist nicht mehr da! Nur ein provisorischer Metallzaun um einen leeren Platz dokumentiert die Stelle. Der Steinpfeiler ist also 2004 in seine Heimat zurückgekehrt. Seit Kriegsende forderte die äthiopische Regierung die Rückführung, die immer wieder verzögert wurde. Ich erinnere mich der Restaurierung, aber auch

politischer Querelen zwischen den Ländern. Letztend-
lich schlug der Blitz in den Obelisken ein. Ein kleines
Stück der Spitze brach ab, aber nur wer es durch die
Presse erfahren hatte, konnte die Zerstörung erkennen

Vor dem Kolosseum standen keine neuzeitlichen Gladi-
atoren, bereit sich für Geld mit oder ohne Touristen fo-
tografieren zu lassen. Aus den anfänglichen Einzel-
kämpfern, die ich vor einem Jahrzehnt für den Reiseka-
talog ablichtete, ist ein Berufszweig geworden, in dem
sich die Gladiatoren gegenseitig die scheinbar lukra-
tivsten Plätze streitig machen. In unseren deutschen
Zeitungen war sogar von internen Machtkämpfen die
Rede.

Einmal beobachteten wir, wie eine Privatperson dem
PKW entstieg, seine Oberbekleidung auszog und sich
dann schrittweise zum Gladiator entwickelte, indem er
all die äußeren Kennzeichen anlegte, die wir mit die-
sem Begriff verbinden: die leichte Leder-Schnür-San-
dale, das Panzer- und Kettenhemd, der goldene Helm
mit rotem Federbusch... Und ganz am Ende wurde der
scharlachrote Umhang übergeworfen. Fertig. Der Gla-
diator der Neuzeit schritt zum Kampf mit den Touris-
ten.

Den Autos, die die Straße passierten, musste ich nicht
mehr ausweichen. Es gab nichts Trockenes mehr an
mir. Verkehrswidrig querte ich den Platz, pünktlich
war ich am Treffpunkt.

Diesmal fuhr die Reisegruppe mit der Metro zurück an
den Stadtrand. Wie schon am Morgen, während der

Fahrt in die Stadt, versuchten Hobby-Musiker, uns zu unterhalten bzw. abzulenken. Während alle Gäste auf den Akkordeonspieler schauten, drängelte sich eine kleine Gruppe Jugendlicher durch die dicht stehenden Touristen und versuchte zu stehlen. Die örtlichen Stadtführer hatten uns gewarnt. Eine Reiseleiterin erzählte mir, dass sie selbst ihren neuen Rucksack vor dem Bauch getragen habe, und dennoch war es irgendjemand gelungen, den Beutel von der Seite aufzuschneiden. Wenn ich mit den Reisegästen die Stadt verlasse und niemand wurde bestohlen, dann bin ich erleichtert.

Ein andermal komme ich mit meiner Reisegruppe vom Forum romanum herauf und stehe nunmehr auf dem kleinsten Hügel des ehemaligen kaiserlichen Roms, dem Kapitol. Das vergoldete Reiterstandbild Marc Aurels in der Mitte des Platzes ist die einzige Statue eines heidnischen Kaisers, die nicht eingeschmolzen worden war. Weil Marc Aurel seine rechte Hand scheinbar segnend ausstreckt, glaubte man eine Ähnlichkeit mit dem späteren ersten Christenkaiser Konstantin zu erkennen.

Während ich mich ein wenig vom Denkmal entfernte, fiel mein Blick auf den Brunnen direkt vor dem Senatorenpalast mit seinen wundervollen Figuren. In der Mitte steht erhobenen Hauptes die Kriegsgöttin Minerva, bekleidet mit einem Kleid aus rotem Porphyr und einem Helm. Neben ihr rechts eine ausdrucksstarke Personifizierung des Tiber mit Romulus und Re-

mus und links der alte Vater Nil mit einer Sphinx. Davor umschließen zwei Brunnenschalen die dargestellten Personen.

Jetzt erst trete ich noch einmal zurück, um den prächtigen Senatorenpalast in seiner Gesamtheit zu betrachten. Hier treffen sich Kaiserzeit und Neuzeit, denn auch heute noch regiert der Bürgermeister von Rom im Kapitol, und im ältesten Museum der Welt (1471) kann man wertvolle Kunstgegenstände des alten Rom betrachten.

Der rote Läufer, der an diesem Tag zum Eingang führt, galt mit Sicherheit nicht uns, den Betrachtern.

Erstmals sah ich vom Hügel des Kapitol, dass auch Rom einen schiefen Turm besitzt, den Torre delle Milizie. Von hier, so erzählt die Legende, habe Kaiser Nero den Brand Roms verfolgt.

Vom Kapitol ist es gar nicht weit zum Tiber. Ein Abstecher dorthin und zur „Bocca della Verità", dem „Mund der Wahrheit", musste zeitlich noch in meinen Entdeckungsplan eingefügt werden. Unter der Kirche Santa Maria in Cosmedin befindet sich eine im Durchmesser ca. 1-1,5 m große runde Steinplatte mit den Gesichtszügen eines Mannes. Der weißgelblichgraue blanke Marmor hat Löcher für Nase, Augen und Mund. Vom linken Auge zum Rand der Marmorplatte zieht sich eine „Risswunde". Haupthaar und Bart wurden vom Künstler angedeutet. Die antike Tradition verlangte, dass die der Lüge oder Untreue bezichtigte Personen ihre Hand in die Mundöffnung des Flussgottes steckten. Blieb sie unversehrt, dann lagen keine Vergehen vor.

Natürlich vollzog ich ebenfalls das Ritual. Aber wo kein Kläger...

Am Tag zuvor waren wir während des Stadtrundganges im Pantheon gewesen. Die Fremdenführerin hatte eine solche Begeisterung ausgestrahlt, dass ich mir vornahm, noch einmal allein zurückzukehren. Nun stand ich hier im ältesten Stadtteil Roms, trotz brennender Fußsohlen, die mich zweifeln lassen, dass alle Sehenswürdigkeiten Roms „zumutbare Spaziergänge" sind, wie es in einem Reiseführer steht.

Durch die hohen granitenen Monolithsäulen und die riesigen Bronzetüren trete ich in die kühle Kuppelhalle. Bewundernd stehe ich längere Zeit am Eingang, zögernd nur gehe ich weiter zur Mitte des antiken Bauwerkes. Die aus römischem Beton gegossene freitragende Kuppel öffnet sich in der Mitte kreisrund und lässt die Sonnenstrahlen in das Innere des Baus der Kaiser Agrippa und Hadrian scheinen. Wie viele andere Besucher setze ich mich einfach auf den Marmorfußboden, den graue, dunkelrote bis rotbraune Kreise und Quadrate zieren. Vorherrschend ist jedoch das Weiß, freundlich und hell zugleich.

Das also ist der berühmteste Betonbau der Ewigen Stadt. Unvorstellbar, dass die Kuppel einen Durchmesser von 43,30 Metern hat. Gelesen hatte ich, dass die Erbauer diese Halbkugel aus Leichtbeton bauten, d.h. sie mischten in den oberen Kassetten Ziegelstücke statt

Sand und Steine in den Beton und ganz oben in der Kuppel sogar leere Tongefäße, damit das Gewicht des zu verwendenden Materials geringer wird.

Ich erblicke eine Familie, die sich um den Rollstuhl der jungen Mutter gruppiert und lausche den Worten der Eltern. Kindgemäß erklären die Erwachsenen, dass die einfallenden Sonnenstrahlen auch die Funktion einer Sonnenuhr haben, die z.B. genau 12.00 Uhr die Mitte des Hauptportales erreichen. Der Vater lässt die Kinder den möglichen Wasserabfluss im Boden in der Mitte des Rundbaus betrachten und das Kreisrund im Dach schätzen (9 m).

Ich sitze und bestaune einen Bau, dessen Dimensionen Jahrhunderte später nicht übertroffen wurden.

Anschließend ging ich den kurzen Weg zum kleinsten Obelisken, dem „Minervaküken" oder auch „Floh der Minerva" genannt, weil er auf der Piazza Minerva steht. Kein Küken, kein Floh. Ein kleiner Elefant, mit grüner Patina bedeckt, bildet den Säulenfuß. Obwohl er bereits im 17. Jahrhundert gemeißelt wurde, scheinen die Steintroddeln, die sich an der Satteldecke befinden, wollig und weich zu sein. Mir gefällt er, wie er den Kopf ein wenig zur Seite neigt und zufrieden aussieht, obwohl er eine ca. 5 m hohe Steinsäule aus Rosengranit tragen muss, die mit Hieroglyphen bedeckt ist. Während der Zeit des Römischen Kaiserreiches war der Obelisk aus Unterägypten nach Rom gebracht worden und hat eine wechselvolle Geschichte. Nicht die Säule und auch nicht die Schrift haben es mir angetan, sondern der knuddelige Elefant, ein Werk Berninis.

Ich weiß, dass die Säulen während der Tiber-Hochwasser mit besonderen Schiffen transportiert wurden. Auf der Piazza Minerva wurden uns originelle Hochwassermarken gezeigt: an der Hauswand der Kirche San Maria Sopra Minerva kann man die Darstellung eines ausgestreckten Zeigefingers sehen, der auf den Wasserstand des Tibers weist, auf dessen Wellen wiederum ein Segelschiff dahingleitet.

Meine Liste, auf der ich alle Sehenswürdigkeiten notiert habe, die ich unbedingt ansehen möchte, ist immer noch ziemlich lang. Aber vielleicht begleite ich ja bald wieder Reisende nach Rom.

Von Rom aus haben wir noch etwa drei Stunden Fahrzeit bis zu unserer zweiten Zwischenübernachtung, die „im Raum Sorrent" erfolgen wird.

Die Autobahn verläuft nunmehr in einer Ebene. Links von uns erstrecken sich die Ausläufer der Abruzzen, und von weitem kann der Reisende das weltberühmte Kloster MONTECASSINO sehen, das sich weit sichtbar über der Stadt gleichen Namens erhebt. Ich versuche, den Mitreisenden die beeindruckende Geschichte der Wiege des Benediktinerordens nahezubringen. Hier hat der Heilige Benedikt 529 das später wohl bekannteste und bedeutendste Kloster gegründet. Seine Forderungen nach geistigen Betrachtungen und Handarbeit, nach Keuschheit, Armut und Gehorsam wurden Ordensregeln.

Auch im 20. Jahrhundert schaute man nach dem Monte. Oben auf dem Berg verlief während des zweiten Weltkrieges die deutsche Gustav-Linie, eine Verteidigungslinie, die verhindern sollte, dass die Kriegsgegner die Hauptstadt Rom erreichen. Im Verlauf der Kämpfe wurden das Kloster und die Stadt zerstört. 70 000 Soldaten vieler Nationen fanden den Tod. Am 11. Mai 1944 durchbrachen die Alliierten die Front. Nach dem Krieg wurden die Benediktinerabtei und auch die Stadt wieder errichtet. Die Friedhöfe um die Stadt Cassino erinnern an den sinnlosen Tod.

Die Abbazia di Montecassino leuchtet mit ihren weißen Marmorfronten über den noch nach mehr als 50 Jahren zerklüfteten Berg, auf den eine sich in vielen Kurven hinaufwindende Fahrstraße führt, die erst nach dem Krieg in dieser Form gebaut wurde.

Wiederholt waren in den Reisebussen Gäste mitgereist, die aus unterschiedlichen Gründen das Kloster besuchen wollten.

Dabei erinnere ich mich an den über 80 Jahre alten Opi, der von seinen Verwandten begleitet wurde und erzählte, wie er bei den Kämpfen um den Berg schwer verwundet wurde. Oder ich denke an jene Frau, die die Mönche bat, einen Kranz auf dem deutschen Soldatenfriedhof niederlegen zu lassen.

Jedes Jahr am 11. Mai treffen sich die Überlebenden, um zu erinnern. Einmal waren wir deutschen Touris-

ten durch Zufall dabei, als eine offizielle Regierungs-delegation durch ein Spalier von Gebirgsjägern, Offizieren mit Ehrendegen und gesenkten Fahnen zum Zentralplatz vor der Kirche ging. Nur dieses eine Mal war bisher der große Klostereingang mit dem in Stein gehauenen PACE geöffnet. Es schmerzt auch nach so langer Zeit, an diese Kriegsereignisse erinnert zu werden.

Weiter geht die Fahrt auf der „Sonnenautobahn".

Ein Hinweisschild erinnert an geschichtliche Ereignisse. „CAPUA" kann man gerade noch im Vorbeifahren lesen.

Viele Reisende erinnern sich, wenn sie auf den Namen aufmerksam gemacht werden, Capua im Zusammenhang mit „Spartakus" gehört zu haben. Deshalb erzähle ich beim ersten Anblick des Vesuvs vom Ausbruch der Gladiatoren aus der Schule von Capua und von ihrem Anführer. Schließlich ist es den vereinigten Sklaven am Vesuv erstmals gelungen, ein römisches Heer zu besiegen.

Nun werden die Gäste langsam unruhig. Der Vesuv müsste bald zu sehen sein, dazu Neapel, Pompeji und all die anderen Orte, die in ihren Reiseunterlagen genannt werden.

So bleiben die Stadt CASERTA und das Schloss im wahrsten Sinne „links liegen". Möglicherweise bin ich schon mehr als 50-mal vorbeigefahren, aber erst ein einziges Mal gelang es mir, den kleinen Umweg zum Barockschloss zu machen, das für den Bourbonen-

König Karl III. von Neapel und Sizilien im 18. Jh. gebaut wurde. Von der Autobahn kann man den gigantischen Bau mitten in der Stadt sehen. Aus der Ferne ähnelt er dem Schloss von Versailles. Er wurde ja auch nach diesem Vorbild errichtet. Historisch ist es vielleicht nicht so bedeutend. Aber immerhin: Auch hier waren es Könige, die das Schloss bauen ließen. Die Ausmessungen des Vier-Flügel-Baus sind sogar noch größer, und zu beiden Schlössern gehören riesige Parkanlagen. Das Wasser musste hier in Kampanien über künstliche Staustufen 40 Kilometer aus den Bergen nach Caserta geleitet werden.

Beide Bauten sind in der neueren Geschichte Schauplätze großer historischer Ereignisse geworden. Im Spiegelsaal zu Versailles wurde die Einigung Deutschlands unterzeichnet und in den Räumlichkeiten von Caserta unterschrieben die Kommandierenden der Italienarmee am Ende des zweiten Weltkrieges ihre Kapitulation.

Leider, als wir ankamen, waren gerade die Tore der Parkanlage geschlossen worden. Wir konnten nur durch die schmiedeeisernen Gitter auf die gepflegte Anlage schauen, deren schnurgerade Wege bis zum Horizont zu verlaufen schienen. Dieses Monumentale, Großartige, in allem, was wir sahen, war beeindruckend und völlig unerwartet. In einem Prospekt war die Rede vom „Gigantismus", den Karl III. betrieben habe.

Endlich... der Golf von NEAPEL.

Zwischen den Häusern kann man die Schiffe im Golf erblicken, die die Millionenstadt Neapel von der Seeseite her charakterisieren.

Neapel zu beschreiben ist sehr schwer, unsere touristischen Erfahrungen mit der Stadt gering. Am Tag ist sie das Verkehrschaos schlechthin und übertrifft Paris und Rom an temperamentvollen Autofahrern, für die Verkehrsvorschriften nur Hinweise sind, kein Gesetz. Bei grüner Ampel, so unsere Sicht, darf man fahren - unter Beachtung des Verkehrs von rechts und links, bei „rot" muss man, sonst setzt ein ohrenbetäubendes Hupkonzert ein. Stoßstange an Stoßstange fahren die Autos, dazwischen die tollkühnen italienischen Vespa-Fahrer, die von links und rechts unseren Bus überholten. Auf meine Frage, ob es hier im Land nicht Pflicht sei, einen Sturzhelm zu tragen, bekam ich etwa folgende Antwort. Es stünde zwar im Gesetz, dass man einen Schutzhelm besitzen müsse, nicht aber, dass man ihn auch trägt. Erst seit dem neuen Jahrtausend geht die Polizei strenger gegen diese Unsitte vor.

Später hatte ich Gelegenheit, mich ein bisschen intensiver umzusehen. Ich korrigierte meinen ersten Eindruck, nachdem ich einen Bummel durch die nächtliche Innenstadt gemacht hatte, die Umberto-Glaskuppel durchlaufen und den „Postkartenblick" auf Neapel und das nächtliche Hafenpanorama vom Aussichtspunkt Posillipo genossen hatte. Was ich bis dahin gesehen hatte, gefiel mir. Aber immer hatte man mir gesagt, dass die Stadt am Tage schmutzig und noch hektischer sei.

Endlich, nach vielen Jahren, konnte ich die Stadt am Tage während eines Kurzaufenthaltes sehen, mir selbst ein Bild machen.

Wir fuhren von der Autobahn kommend zum Hafen. Auf der rechten Seite war ein neues Geschäftsviertel, riesige Hochhäuser mit Glasfassaden, noch vor dem eigentlichen Geschäftszentrum gelegen, entstanden. Und davor sah ich ein riesiges Areal mit Containern und den notwendigen Verladekränen. Zur Hafenseite nur alte, leere Fabrikruinen. Stadteinwärts an einer kilometerlangen Uferstraße Häuserklötze, Wohnbauten 4-6 stöckig, meist aus Tuffstein gebaut, wechselten sich mit neuen Glasfassaden ab. Leere Fensterhöhlen und viele Gerüste an den Wohnbauten waren ebenso zu sehen wie frische Farben an der Wand einzelner Wohnungen, nicht Häuser. Die eigentlichen Farbtupfer waren die uneinheitlich grün, rot oder grau gestrichenen Fensterläden. Selbst die wenigen Blumen und die zum Trocknen aufgehängte Wäsche veränderten den tristen Eindruck nicht. Nur schrittweise kamen wir voran und sahen deshalb das Hauptproblem der Stadt mit aller Deutlichkeit: der Müll stapelte sich in Mengen und vor allem überall, in und auf den aufgestellten Containern, daneben und an den Hauswänden. Wir hatten schon vorher von Streiks der Müllabfuhr gehört, von Blockierungen der Autobahn, von Müllzügen nach Deutschland...

Als ich später die Gelegenheit hatte, mir die Stadt zu Fuß anzusehen, war ich dennoch fasziniert. Parallel zum Hafen erstrecken sich belebte Geschäfts- und Einkaufsstraßen, auf immer höheren Terrassen. Dazwischen befinden sich schmale Gassen, die alle zum Hafen hinunterführen.

Und erst die Menschen: es wuselt völlig durcheinander, Einkaufende und Spazierende, Telefonierende, Familien mit Kindern und solche wie wir, nach dem Weg fragende Touristen. Selbstverständlich sind auch hier viele, viele Händler, die an jeder Ecke ihre Waren anbieten, auch sie ein buntes Völkergemisch.

Alle Straßen und Gassen sind zugeparkt, manche sogar in Doppelreihe. Darüber flattert, von einer Straßenseite zur anderen, die Wäsche der Neapolitaner. Selbst hier im Süden wird kaum je ein Sonnenstrahl das Pflaster der Straßen berühren.

Am späten Nachmittag verließen wir mit dem Schiff die Stadt, um nach Ischia zu gelangen. Während wir auf den Golf hinausfuhren, veränderte sich der Gegenstand unserer Betrachtung erneut. Die Sonne schien auf ein Halboval mit hellen, großen Bauten, auf Konturen alter Burgen, auf Luxusschiffe und auf den im Hintergrund aufragenden Vesuv. Von hier gesehen beeindruckt Neapel kolossal! Wir entfernen uns von einer Millionenstadt voller Widersprüche, die ich gern weiter kennenlernen möchte.

Heute jedoch führt uns die Reiseroute nicht ins Zentrum Neapels und auch nicht nach Ischia, sondern wie fast immer entlang der Autobahn zwischen dem VESUV und dem Neapolitanischen Golf.

Spätestens in Ercolano kann man die erkaltete Lava sehen, durch welche die Straße gebaut werden musste. Schwarze Basaltblöcke rechts und links.

Wenn der Katalog den Besuch des Vesuvs vorsieht, dann beginnt die Auffahrt in Torre del Greco. Zunächst fahren wir durch die Ortschaft und registrieren den Anstieg kaum. Bald aber haben wir freie Sicht auf den Golf und die Stadt Neapel. Am Klicken der Fotoapparate und dem Verstummen der allgemeinen Gespräche wird die Faszination „Cratere Vesuvio" deutlich.

1944 erfolgte der letzte große Ausbruch, der dem Berg auch das jetzige Aussehen gab. Kurven- und Kehrenreich windet sich die asphaltierte Straße nach oben.

Hupen ist Gesetz, damit verständigen sich nicht nur Busfahrer im grünen Kurvendschungel. Die Reisenden haben nun Gelegenheit, die sichere Fahrweise ihres Fahrers ausgiebig zu bewundern. Die Kehren zum Gipfel sind alle, zumindest optisch, mit kleinen Mäuerchen und anderen Begrenzungen gesichert. Wir steigen weiter aufwärts und können nunmehr in der Ferne den möglichen Wanderweg erkennen, auf dem man zu Fuß bis zum Kraterrand gelangen kann.

Die Landschaft hat sich verändert... weniger Pinien, mehr Ginster und riesige Lavafelder. Moose und graugrüne Flechten bedecken das Erosionsgestein.

Schade, dass trotz beeindruckender Natur der Mensch so unachtsam mit ihr umgeht. Obwohl Müllcontainer in regelmäßigen Abständen am Straßenrand stehen, liegt überall am Berg Abfall.

Auf dem Parkplatz angekommen, entscheidet jeder Gast selbst, ob er den etwa 20-minütigen Aufstieg wagt. Während wir noch am Eingang stehen, löst sich fein-körniges Gestein und rutscht leise rieselnd am Berg ab-wärts, direkt vor unsere Füße. "ER" macht sich also im-mer noch selbständig, verändert Jahr für Jahr sein Aus-sehen ein bisschen. Wo wir jetzt stehen, war einst die große Kuppel des Monte Somma, ein riesiger Bergke-gel, der einfach zerbarst.

Ein leichter Schauder erfasst mich. Da ist es scheinbar beruhigend, in der Bergstation den „Lacrima Christi" zu probieren, Wein aus Trauben des Vesuvs, der ein wenig rauchig schmeckt, eben „vesuvig".

Es ist bekannt, dass Vulkanologen einen riesigen Magma-See unter dem Vesuv nachgewiesen haben, der sich bis nach Neapel und weiter erstreckt, näm-lich über eine Fläche von 400 Quadratkilometern. Er-neut wurde bestätigt, dass der Vulkan immer noch aktiv ist und jederzeit ausbrechen kann. Er „schläft". Magenkribbeln verursachen diese Fakten bei jedem Besuch hier oben auf dem Gipfel.

Es gibt nur zwei Verbindungen zwischen den einzel-nen Orten am Golf: eine schmale Küstenstraße und die Autobahn, die vorbei an POMPEJI später nach Sa-lerno weiterführt.

Unser Fahrer biegt in Richtung Castellammare di Stabia ab.

Die Führung durch die Ausgrabungen von Pompeji gehört in ein anderes Reiseprogramm.

Am Lattar-Gebirge (dt. Milch-Gebirge) erinnere ich die Gäste an die bedeutende Mozzarella-Produktion dieser Region.

Dann aber umfahren wir schon Vico Equense, einen Thermalkurort, bekannt für seinen wunderschönen Sandstrand und das in der Region gepresste Olivenöl. Die Straße führt durch einen Tunnel, quert eine Brücke über eine tiefe Schlucht. Am Ortsschild steht „SAIANO.

Und hier befindet sich unser Vier-Sterne-Hotel für die zweite Zwischenübernachtung mit Pool und großer Parkanlage, vor allem aber mit herrlicher Sicht auf den Golf von Neapel und die Stadt jenseits des Tales. Im Hotel verläuft der Vorgang des Eincheckens reibungslos. Die Gäste erhalten ihre Zimmerschlüssel und haben nun Zeit, sich umzusehen. Manche gehen in den warmen Pool zum Schwimmen, andere entdecken während eines Spazierganges den kleinen Ort.

Besonders einige Damen sind schon auf „Samenpirsch", ein Phänomen. Sie glauben, dass alle Pflanzen auch zu Hause gedeihen werden und sammeln Samen, Triebe und Zweige, alles was hoffen lässt, dass es daheim Wurzeln treiben könnte. Hier im Park sind es besonders die auf dem Boden liegenden Magnolienzapfen mit ihren grellroten Samen.

Der Parkplatz befindet sich in unmittelbarer Nähe des Hotels. Schnell wird der Bus gekehrt, gewischt, die äußere Hülle gesäubert, besonders die Scheiben. Getränke und Speisen werden aufgefüllt, Trinkwasser nachgefüllt. Schreibarbeit. Fertig.

Nach dem Essen setzte ich mich entspannt mit einem Espresso auf die Terrasse. Allmählich gehen die Neon- und Kugellampen an, sie erleuchten die Terrasse, den Park. Ab und zu plätschert es im nahen Pool, und aus der Gaststätte des Hotels klingt italienisches Stimmengewirr. Fast die gesamte Saison über werden sonnabends Hochzeiten gefeiert. Große Gesellschaften sind es, unter 200 Gästen nie. Die Kinder toben in ihren Festtagsgewändern durch den Garten und spielen am Pool, die Erwachsenen tanzen, die jungen Paare flanieren. Die Fotoapparate werden zur begeistert akzeptierten Strapaze des Brautpaares. Nur in Italien habe ich bisher so intensiv Fotografierende und Fotografierte erlebt.

In Rom ist es sogar üblich, dass die Brautpaare mit dem bestellten Fotografen zum Kolosseum fahren, um dort mit dem faszinierende Hintergrund des historischen Prachtbaues und für diesen Tag geliehenen Luxuslimousinen ein ganzes Album zu erstellen. Als ich dort fünf Brautpaare auf einmal erlebte, glaubte ich zunächst, dass Models für Brautmoden werben würden. Erst die Stadtführerin erklärte mir später, dass für ein Album mit Hochzeitsbildern so manches Brautpaar tiefer in die Tasche greift als es der Geldbeutel eigentlich zuließe.

Von meinem Platz schaue ich auf die entfernte Lichterkette Neapels und die warmen, gelblichen Lichter des nahen Küstenortes Vico Equense mit der imposanten Majolikakuppel des Domes. Der Abend ist mild, kaum ein Lüftchen weht vom Meer herüber. Es riecht stark nach Jasmin... ungewohnt und aufdringlich.

Langsam schlendere ich durch die Anlagen zu meinem Quartier, eine Art Bungalow für Angestellte, direkt an der viel befahrenen Straße Neapel-Sorrent, die hier um eine Kurve führt. Es ist eben eine Unterbringung für das Personal. Schlafen kann ich bei diesem Straßenlärm wenig.

Bei einer Rundreise nach Sizilien kann es für die Gäste maximal fünf verschiedene HOTELS geben, weil die Übernachtung auf der Insel in der Regel in einem Hotel erfolgt. Die anderen Hotels werden für die Hin- und Rückreise, d.h. also für sogenannte „Zwischenübernachtungen" gebucht.

Im Katalog der meisten Reiseunternehmen findet der aufmerksame Leser nur allgemeine Formulierungen seine zukünftige Unterkunft betreffend. "Sie schlafen in (guten) Mittelklassehotels", heißt es dort. Mitunter denke ich, dass jeder Betreiber eines Hotels darunter etwas anderes versteht, denn die Ausstattung und der Service sind ganz verschieden.

Im Allgemeinen stehen zwei Dinge im Blickpunkt der Bewertung: die Größe und Sauberkeit des Zimmers und der Nasszellen und die Qualität des Essens. Mitunter habe ich auch Probleme mit der Verteilung der französischen Betten.

Selbstverständlich sind die nationalen Besonderheiten ebenso zu beachten wie die klimatischen. In Italien gibt es keine Federbetten, oftmals ist der Fußboden gefliest und die Dusche ohne Vorhang. Dafür gibt es in Frankreich Croissants mit Marmelade und das lukullische skandinavische Buffet eben nur in Norwegen. Das sind Fakten, die der und moderne Busreisende weiß und auch akzeptiert. Verstopfte Waschbecken, nicht schließende Türen, kaputte Stühle oder unsaubere Bettwäsche werden natürlich nicht toleriert. Sie werden entsprechend dem Temperament des Reisenden dem Reiseleiter zu Gehör gebracht.

Für die gesamte Reisegruppe gibt es von dem jeweiligen Hotel fertige Zimmerlisten. Zum Glück wird mir die Entscheidung über die Verteilung der Zimmer abgenommen. Nicht ich bestimme, wer den Meeresblick bekommt, wer zur verkehrsreichen Einkaufsstraße schaut, zum Hof hinaus schläft oder wessen Zimmer Sonnenseite und Balkon hat.

Hat Herr X. beispielsweise in Sizilien ein Zimmer mit Meerblick und beschwert sich über das Meeresrauschen, dann ist das schlichtweg lächerlich.

Wenn Frau Y. aus Sachsen bei einer Reisegruppe, die aus Gästen der alten und neuen Bundesländer besteht, im Ausland behauptet, dass die „Wessis" immer die besten Zimmer bekämen, dann fehlen mir einfach die Worte.

Natürlich gibt es auch auf dieser Fahrt von Hotel zu Hotel Unterschiede.

Obwohl die Hotels am Gardasee und im Raum Sorrent häufig auch „Meerblick" haben, geht nicht jedes Fenster des Hotels zum Meer. Manche Gäste geben gleich bei der Buchung im Heimatort an, dass sie ein solches Zimmer für den Urlaub möchten. Ist das nicht zu verwirklichen, dann hat der Reiseleiter ein Problem.

Eine couragierte Dame stand beispielsweise sofort nach Betrachtung ihres Zimmers wieder in der Rezeption. Sie habe schließlich Einzelzimmer-Zuschlag bezahlt, da müsse sie auch ein Zimmer mit Meerblick bekommen. Geduldig erklärte die Verantwortliche in der Rezeption, dass sie sofort nach der Abreise von Gästen ein anderes Zimmer haben könne. „Bitte notieren Sie das!" forderte meine Mitreisende. Ihr forsches Auftreten brachte ihr zwei Tage später das gewünschte Zimmer.

Die Gründe, ein Hotel zu mögen oder auch nicht, sind doch recht unterschiedlich.
Eine ältere Dame sagte mir bezüglich meiner Frage, wie ihr das gegenwärtige Hotel gefalle, dass ihr das vorangegangene besser gefallen habe, weil es dort zwei verschiedene Stückchen Seife pro Person gegeben habe. Ein wichtiges Argument für die Reisende.

Zwischen Wachen und Schlafen in meiner Dienstunterkunft erinnere mich an verschiedenste Hotel-Erlebnisse während meiner Reiseleitertätigkeit...

Ein typisches Familienhotel, weiter südlich, hinter Sorrent, in dem wir gern übernachten, nennen wir „Mama-Papa-Hotel". Auch hier hat die Buscrew ihre bestimmten Zimmer. Die Reiseleiterin übernachtet im Erdgeschoß, das mögen besonders die Alleinreisenden älteren Gäste nicht, deswegen bekommt sie das Zimmer. Aber es ist ein gepflegtes Zimmer mit herrlichem Blick. Der Fahrer erhält seine Bleibe mit Blick auf den Hof.Der ganze Hotelkomplex wächst jährlich. Wie Honigwaben kleben die jeweils neuen Appartements am Fels, nur durch die Straße und den tiefen Abgrund vom Golf getrennt. Der Blick auf Capri während eines Sonnenunterganges oder auch nachts, wenn man die Lichter der Insel sieht, bleibt unvergessen.

In Erinnerung geblieben ist uns auch das Ritual, weshalb wir dem Hotel den bereits genannten Namen gaben. Der Senior und Chef des Hauses begrüßt uns freundlich bei unserer Ankunft und überwacht abends mit strengem Blick den Ablauf.

Seine Frau, wie er zwischen 60 und 70 Jahre, die Haare streng nach hinten gebunden, das Serviertuch über dem Arm, eilt zwischen Küche und Restaurant hin und her, um alle persönlich zu bedienen. Dabei spürt der Betrachter, dass es ihr nicht ganz leichtfällt. Immerhin sind wir eine ziemlich große Busgesellschaft. Endlich ist die Pasta serviert.

Nun tritt die schöne Tochter in Aktion. Mit einer Art Käsestreuer geht sie von Tisch zu Tisch und schüttelt das Glasdöschen mehrmals über jedem Teller. Ihre „Arbeit" ist danach beendet.

Getränke und die folgenden Speisen werden wieder von der Mama und einem Kellner gebracht. Zum

Schluss kommt der Sohn und kassiert die entstandene Rechnung.

Damit wir nicht vergessen, wer im Hotel das Sagen hat, werden wir am nächsten Morgen selbstverständlich vom Papa verabschiedet, während Mama schon wieder in der Küche arbeitet.

Meist jedoch sind es aufgrund unserer Personenzahl größere Hotels, in denen wir übernachten.

Aber auch in einem großen Hotelkomplex hat mitunter besonders ein Einzelzimmer seine „Tücken". In einem Hotel, wo wir häufig zur Zwischenübernachtung sind, ist es bei den Einzelzimmern so, dass bei Toilettenbenutzung die Füße in das Becken der Duschkabine gestellt werden müssen. Dafür haben Doppelzimmer oft keine Duschvorhänge, und die Gäste äußern sich verwundert darüber, dass die gesamte Nasszelle mit geduscht wird.

Zu den Pflichten des Reiseleiters gehört es auch, vor Weiterfahrt zur nächsten Unterbringung zu kontrollieren, ob alle Gäste ihre Zimmerschlüssel abgegeben haben. Man sollte nicht glauben, wie häufig Gäste Schlüssel mit immens großen Schlüsselanhängern dann aus ihren Taschen befördern.

Wiederholt schließen sich Gäste aus den Hotelzimmern aus. Auch Reiseleiter und Busfahrer sind davor nicht gefeit.

Eines Morgens, die Abfahrt sollte außergewöhnlich früh sein, konnte oder wollte der Nachtdienst das We-

cken nicht übernehmen. Es wurde damit meine Aufgabe und ich eilte, nur mit dem Nachthemd bekleidet und noch ganz verschlafen von Tür zu Tür, klopfte, sah auf meinen Notizzettel, wo ich die Nummern aufgeschrieben hatte, kontrollierte, ob ich auch niemand vergessen hatte.

Und da passierte es. „Klack", meine eigene Zimmertür war durch einen Windzug geschlossen worden. Da stand ich nun „im Hemd" und musste hinab ins Erdgeschoß, um mir einen Ersatzschlüssel zu holen. Der Diensthabende staunte nicht schlecht, als ich doch recht zaghaft am Tresen erschien. Seitdem ist natürlich die Mitnahme eines Schlüssels Ehrensache.

Offensichtlich gibt es in den Hotels zu wenig Einzelzimmer. In der Vor- und Nachsaison erhalten Einzelreisende oftmals ein Doppelzimmer, aber in der Hauptsaison werden alle noch so kleinen Räumlichkeiten genutzt.

Natürlich bringen Fahrer und Reiseleiter Verständnis auf für die besondere Unterbringung in den Hotels.

Einmal war ich mehrere Wochen hintereinander in einem kleinen Hotel in Holland mit wechselnden Reisegruppen untergebracht. Mein Zimmer nannte ich das „Vogelnest". Eine ganz schmale, sehr steile Treppe führte hinauf zu zwei Zimmern, von denen ich eines bewohnte. Die Stiege kletterte ich der Sicherheit halber immer auf allen Vieren hinauf und im Rückwärtsgang hinunter.

Das Zimmer war klein, aber mit Sorgfalt eingerichtet, sogar eine kleine Duschkabine im Nachhinein eingebaut. Nur die Toilette war im Erdgeschoß. Ich musste also von meinem Nest hinunterklettern, wann immer ich bedürftig war. Man stelle sich vor, wie ich morgens noch halb schlafend im Nachthemd die Treppe bewältige. Unten richte ich mich zur vollen Größe auf und stehe einem wohlbeleibten Herrn gegenüber, der ebenfalls nur mit Schlafhose begleitet, warten musste, bis ich die Treppe freigab, damit er nun in umgekehrter Richtung hinaufklettern konnte. Wir sahen uns zum ersten Mal. Ich kann mich nicht erinnern, jemals vorher oder nachher mit einem völlig Fremden in solch widersinniger Situation so herzlich gelacht zu haben.

Das absolut kleinste Zimmer erhielt ich in der Schweiz, in einem Hotel in Interlaken. Die Tür ließ sich gerade so weit öffnen, dass man das Zimmer ohne Koffer betreten konnte. Trug man Gepäck bei sich, musste man dieses entweder vor sich hineinschieben oder den Raum rückwärts betreten und den Koffer bzw. die Tasche hinter sich herziehen. Ich darf aber nicht vergessen, es war das Zimmer für den Reiseleiter.

Das „schlimmste" Zimmer erhielt ich auf der Insel Bornholm in einer Pension, in der mit mir auch andere Gäste wohnen mussten. Ohrenkneiper, Spinnen verschiedenster Art und Mücken wohnten mit mir. Jeden Abend begann ich bei Betreten des Zimmers mit einer Vernichtungskampagne, und wenn ich am Morgen mit kräftigem Hundegebell schon vor der Zeit geweckt

*wurde, sah ich als erstes erneut verschiedenstes Getier
an der Decke hängen.*

Ein anderes Beispiel:
*In Sizilien, genauer in Giardini Naxos, war im gebuch-
ten Hotel wieder einmal kein Platz. Der Chef rief in einem anderen Hotel an. Bepackt mit all unseren Sachen marschierten wir los.Ein Luxushotel hatte man
uns zugewiesen. Aber als wir uns dort meldeten, war
es ein Irrtum, der Verantwortliche schüttelte nur verneinend den Kopf und rief ein weiteres Hotel an. Erneuter Koffertransport. Erneutes Kopfschütteln. Erneuter Anruf. Wir beide waren gleichermaßen müde
und verärgert. Diesmal jedoch brauchten wir nur
noch über die Straße zu gehen... „Holiday Club Naxos". „Das kann nur ein Irrtum sein", sagten wir uns.
Aber nein. Jeder von uns bekam ein zweistöckiges Appartementhaus, ganz allein. Der Swimmingpool, der
dazu gehörte, erlaubte ebenso wie das Haus einen
fantastischen Blick auf den Ätna. So saßen wir am
Abend am Pool, schauten über Oleander-, Hibiskus-
und Glyziniensträucher hinweg zum Krater, der wieder aktiv war.*

*Unser Erlebnis währte nur zwei Nächte, dann zogen
wir in das Mittelklassehotel am Strand um, wo auch
unsere Gäste wohnten. Das Appartementhaus war verloren, der Ätna-Blick blieb.*

Während eines Sizilien-Aufenthaltes vor Jahren gab es, die Übernachtungen betreffend, viele Veränderungen für die Reiseleiterin.

Es begann mit der Unterbringung in Letojanni. Aber entgegen den bisherigen Erfahrungen brachte das Taxi den Fahrer und mich nicht in eine Pension, sondern in das schon beim Vorbeifahren bewunderte Hotel „Antares", direkt am Hang über dem Ort. Schnell ging es mit dem Auto über die Serpentinen hinauf. In der Rezeption erfuhren wir, dass der Fahrer im Hauptteil bleiben wird, ich aber noch einmal mit verschiedenen Aufzügen acht Stockwerke hinauf zum „Olymp" klettern sollte. So war der Name dieses Hotelteiles, so nannte sich auch mein Appartement. Solch ein wunderschönes Zimmer hatte ich noch niemals bewohnt. Ganz, ganz oben am Hang, das letzte Stockwerk, das oberste Zimmer. Das Schönste war eine beleuchtete, mit Geranien bepflanzte Loggia. Das helle Gelb der Wände kontrastierte mit dem Dunkelgrün der Möbel und der Farbenpracht der Blumen. Staunend näherte ich mich der Brüstung. Unter mir erstreckte sich die gesamte Hotelanlage, der Verkehr auf der Autobahn rollte. Dahinter versteckte sich der Ort. Das Meer erkannte ich nur am hellen Saum der Gischt, die an den Strand gespült wurde. Wenn ich mich ein bisschen über das Balkongitter lehnte, konnte ich rechter Hand die Lichter Taorminas sehen... aufsteigend von der Isola Bella, über das griechische Theater, über die Stadt selbst hinauf zum Monte Tauro. Lange genoss ich meinen ersten und einzigen Abend oben auf dem Olymp.

Am nächsten Morgen kehrten wir zurück zu unserem Hotel am Strand.

Nach der nächsten Nacht der gleichen Reise, diesmal regulär mit den Gästen in einem Haus, fanden wir eine Kurznotiz vor, in der wir gebeten wurden, in eine Pension oder in ein anderes Zimmer des Hauses zu wechseln. Beide entschieden wir uns für die Variante des Zimmertausches innerhalb des Hotels. Wieder wohnte ich ganz oben, auf dem Olymp des Hotels. Dass es eine Baustelle war, störte mich nicht. Umgeben von Zementsäcken, Elektroinstallationsmaterial, Dübeln, Schrauben, Plastiksäcken mit Einrichtungsgegenständen und einem großen Balkon mit Blick auf das Meer fühlte ich mich in meiner kleinen Zimmeroase durchaus wohl.

Dann aber kam am späten Abend starker Wind auf. Türen und Fenster klapperten mit den Stühlen, die vom Wind über den Balkon getrieben wurden, um die Wette. An Schlaf war nicht mehr zu denken. Mit Ziegelsteinen und Packpapier versuchte ich, Türen und Fenster zu schließen. Ich hatte keine Chance. Gegen 4.00 Uhr morgens gab ich den ungleichen Kampf auf, fuhr sechs Stockwerke tiefer und legte mich auf ein Sofa in der Rezeption des Hotels. Der Nachtportier schaute zwar erstaunt, ließ mich aber gewähren.

Am folgenden Morgen, immer noch bei derselben Reise, fuhren wir zurück zur Zwischenübernachtung am Gardasee. Ziemlich spät am Abend erreichten wir das abseits in den Hügeln stehende Hotel. Beim Vergleich meiner Zimmerliste mit der des Hotels wurde deutlich, *dass ein Einzelzimmer fehlte. Es war von der italieni-schen Agentur nicht bestellt. Was tun? Selbstverständ-lich erhielt der allein reisende Gast, dessen Zimmer nicht gebucht war, das Zimmer des Reiseleiters. „Ir-gendein Zimmer werden die schon haben", dachte ich. Der Hotelier schüttelte verneinend den Kopf. Nichts. Überhaupt nichts. Ein anderes Hotel war nicht in der Nähe, und der Chef des Hauses tat nichts, um meine missliche Situation zu ändern. Ich hatte nur zwei Mög-lichkeiten: die Übernachtung im Bus oder die in der Re-zeption. Für Letzteres entschied ich mich.*

Zwischen den noch weitertrinkenden Gästen, debattie-renden Anwohnern und alles übertönendem Fernseher mit Berichten von der Formel 1 nahm ich auf einer ge-polsterten Holzbank mitten im Raum Platz. Koffer, Ta-sche und vor allem Wecker platzierte ich neben mir. Glücklicherweise schlief ich auch ein. Gegen Mitter-nacht rüttelte mich der Alleinreisende wach, dem ich mein Bett zur Verfügung gestellt hatte. Er wolle mir sagen, dass ich am folgenden Morgen in sein Zimmer kommen könne. „Aber nur duschen." Nett gemeint war diese Geste, aber nun war es mit dem Schlafen vorbei. Unruhig wälzte ich mich auf der harten Bank hin und her. Letztendlich erlöste mich der Nachtportier, der mich in einen etwas abgetrennten Vorraum lotste, wo ich einen Zweisitzer und einen Sessel für den Rest der Nacht mein eigen nennen durfte.

Zerschlagen und glücklich darüber, dass die Nacht vo-rüber war, begann ich damals meine Tagesarbeit.

Überraschungen, die die Übernachtung betreffen, gab es bis Ende der 90er Jahre fast bei jeder Reise. Während der Dauer einer Fahrt kann das sowohl positiv als auch negativ sein.

An einigen Beispielen möchte ich das darlegen:

In Nei Pori, Griechenland, wurde beispielsweise das Busteam in einem Appartementhaus untergebracht, dessen Zimmer sehr komfortabel waren. Das Hotel war noch nicht eröffnet. Unser Weg führte deshalb über Bauschutt und schon angelieferte Möbel im Erdgeschoß; wir genossen aber den Komfort in unseren Räumen.

Bei der gleichen Reise war auch in Südgriechenland das Hotel überbucht. Diesmal wurden wir beide mit dem Taxi in die nahe gelegene Stadt gebracht. Abgewohnte Zimmer, Vornehmheit des beginnenden 20. Jahrhunderts mit „Jalousietüren", es waren die letzten freien Zimmer. Wenn ich auf den Minibalkon von der Größe einer Fußbank trat und mich nach vorn neigte, konnte ich sogar den Golf von Korinth sehen. Für eine Nacht richtete ich mich, so gut es ging, ein. Der Ausgleich erfolgte am nächsten Tag: ich erhielt im gebuchten Hotel ein Zimmer mit wirklichem Meerblick.

Die für diese Reise bedeutsamere Überraschung bestand darin, dass wir trotz bestätigter Buchung für vier Übernachtungen in einem Hotel die letzte Nacht mit einem anderen Hotel vorliebnehmen mussten, ein Hotel im Zentrum Athens. Nach anfänglicher Unzufriedenheit waren alle Reisenden fasziniert vom Blick über die Altstadt auf die abendlich beleuchtete Akropolis. Vergessen war in diesem Augenblick die Unbequemlichkeit eines nochmaligen Kofferpackens. Die goldgelben Säulen der Tempel hatten magische Ausstrahlung. Ergriffen standen wir auf der Terrasse des Hauses und schauten hinüber zum antiken Athen.

So eng nebeneinander liegen mitunter kleinere Ärgernisse und positive Überraschungen.

Prinzipiell lasse ich mich durch Ausweichquartiere nicht beeinflussen. Es gibt allerdings ein Detail, das mich völlig aus dem Gleichgewicht bringen kann – MÜCKEN. Ob in Finnland oder Norwegen, Sizilien oder Griechenland, ich scheine die Mücken ganz besonders anzuziehen. In der Ebene von Marathon habe ich eine ganze Nacht auf meinem Bett gestanden, gesessen und um mich geschlagen und hatte doch am Morgen am ganzen Körper Mückenstiche. Und die hatte ich, obwohl ich mit Spray vorgesorgt und mit Mückensalbe eingerieben war und sogar einen elektrischen Mückenstecker benutzt hatte. Ich konnte mich nicht des Gefühls erwehren, dass den Mücken der bestialische Gestank meines neuen „Sommerdeos" gefiel, dass sie über meine Verhinderungstaktik nur gekichert haben. Als wir uns am Morgen zum Frühstück trafen, waren alle Gäste mehr oder weniger gekennzeichnet. Wir tauschten unsere Erfahrungen in der Mückenbekämpfung aus und trafen uns letztendlich doch alle in der Drogerie, um sogenannte „Bayvap"(Mückenstecker mit Blättchen) zu erstehen. Ohne die gibt es bei mir im Sommer keine Reise ins Ausland mehr.

In der Zwischenzeit musste ich lernen, dass es auch in Deutschland „Mückenhotels" geben kann.

Im Überschwemmungsjahr 2002 übernachtete ich mit einer Reisegruppe in der Lüneburger Heide. Wir wohnten in einem Stadthotel, mein Zimmer war, wie so häufig, unterm Dach. Es war sehr heiß, und es gab dort Mücken ohne Zahl, drinnen und draußen. Vor mir musste schon jemand mit diesen Quälgeistern gekämpft haben. Jedenfalls deutete ich die kleinen Flecken an der Wand so. Nirgendwo gab es in den Drogerien der Stadt Spray, Creme oder Elektrostecker. Ich war nicht die einzige, die danach fahndete. Letztlich nahm ich doch jeden Abend die Tageszeitung und stieg auf Bett und Stuhl, um die Mücken zu erschlagen. Sonst wäre kein Gedanke an einen nächtlichen Schlaf gewesen.

Als wir dann abreisten, war mir die Sache peinlich. Diesmal mit einem nassen Handtuch „bewaffnet" kletterte ich noch eine Abschiedsrunde in meinem Zimmerchen und versuchte, die zurückgelassenen Spuren meiner nächtlichen Vorgehensweise zu entfernen. Soweit ich es einschätzen kann, ist mir das auch gelungen.

„Hätte ich doch noch einmal kontrolliert", so denke ich oftmals, wenn irgendetwas schief gegangen ist.

Bisher waren auch bei der zu beschreibenden Reise von Ischia nach Capri alle Tage ganz nach Plan verlaufen...

Bis zu diesem Morgen. Bereits in den frühen Morgenstunden wollten wir das Hotel zu einem Tagesausflug verlassen, ungewöhnlich früh also. Eine Viertelstunde vor der festgelegten Frühstückszeit kam ich zum Speisesaal. Es war noch dunkel, die Tische waren leer, also nicht eingedeckt. Aber vor der Tür standen die ersten Gäste, denn es ist bei vielen Gästen üblich, vor der Zeit da zu sein. Vergeblich ging ich zur Rezeption, es war niemand zu erreichen. Wo ich auch hinging, die Gäste folgten mir. Also, erst einmal den Lichtschalter an. Dann in die Küche, deren Tür glücklicherweise nicht verschlossen war. Bei meiner ersten Orientierung sah ich vor Aufregung gar nichts Brauchbares, aber dann wurde ich fündig: Brot, haltbare Milch, Wasser, sogar Wurst- und Käseplatten. Das Frühstück blieb zwar unvollständig, weil Kaffee fehlte, aber es musste keiner hungrig zum Ausflug.

Drei oder vier Tage später in einem anderen Hotel wurde den Gästen zwar früher geöffnet, aber sie fanden nur Brot, Butter und Marmelade. Hektisch diskutierten sie über das Fehlende, über das, was man ihnen zumutete mit nur Brot, Butter und Marmelade. Pünktlich „italienischer Zeit" wurden Wurst, Eier und Käse geliefert. Die Gäste hatten sich jedoch inzwischen Marmelade und ersatzweise Kuchen auf die Teller „gehäuft". Nun gut, musste eben etwas mehr gegessen werden. Dass man sich selbst in diese Situation gebracht hatte, darüber schwiegen sich meine Gäste aus.

3. Reisetag: Von Sorrent zur Insel Sizilien

Am Morgen des dritten Reisetages schien uns die Sonne wiederum verwöhnen zu wollen.

Das morgendliche Ritual des Kofferladens verlief reibungslos ab. Jeder brachte seinen Koffer pünktlich und half sogar, die schweren Koffer in den Bus zu heben. Für den Busfahrer ist das körperliche Schwerstarbeit. Die Koffer sind mitunter so groß und schwer, dass ein Ehepaar gemeinsame Anstrengungen unternehmen muss, um den Koffer bis zum Bus zu transportieren. Dort wird er dann abgestellt und der Fahrer hebt die Koffer in die einzelnen Ladeluken hinein und stapelt sie. Nicht nur einmal kam es vor, dass die Herrschaften mit den voluminösesten Koffern ganz am Ende kamen und der Fahrer durch Um- und Ausräumen Platz für das Kofferungetüm schaffen musste.

Wie gesagt, diesmal kamen die Koffer in der richtigen Reihenfolge und hilfsbereite Hände erleichterten den morgendlichen Kraftakt.

Man sollte meinen, dass jeder Reisende seinen Koffer, damit meine ich Farbe, Form, Gewicht und Besonderheiten kennt und demzufolge auch den richtigen Koffer einlädt bzw. beim Aussteigen mitnimmt. Weit gefehlt: So mussten wir feststellen, fremde Reisetaschen zu transportieren, die Jugendliche aus Frankreich beim Verladen an unseren Bus abgestellt hatten. Umgekehrt gab dafür eine Dame ihr Gepäck bei einem vor uns stehenden Bus ab, obwohl sich Fahrer und Bus nicht ähnelten.

Beim Aussteigen werden häufiger fremde Koffer mitgenommen. Möglicherweise liegt das an der abendlichen Unkonzentriertheit nach einem erlebnisreichen Tag. Dann stellt das Rentner-Ehepaar F. fest, dass ihren vermeintlichen Koffer Absatzpantolettchen und Tangas zieren und obendrauf ein Formel 1 - Kalender liegt. Oder Familie M. merkt erst zu Hause, dass doch ihr Koffergriff gleich am ersten Tag kaputtging und sie seit dieser Zeit einen provisorischen Griff aus einer Schnur befestigt hatten. Demzufolge konnte der Koffer mit dem festen Ledergriff, den sie nun nach Hause gebracht hatten, nicht ihr Koffer sein.

Mitunter merken es die Gäste gar nicht am gleichen Tag, weil sie das Reiseutensil nur abgestellt hatten.

Wirklich gestohlen wurde ein Gepäckstück noch nie. Wenn etwas fehlte, dann waren es irgendwelche Verwechslungen, die sich später aufklärten.

Mich beschäftigt in diesem Zusammenhang ein ganz anderes Problem:

Die Reisebusse werden komfortabler, der Sitzabstand größer. Unsere Gäste sehen darin eine Möglichkeit, immer mehr Kleingepäck in den Fahrgastraum hineinzunehmen. Rucksäcke, Beutel, Taschen stehen eng zwischen den Sitzen, so dass kaum noch Platz für die Füße ist. Von Bewegungsfreiheit und sicherem Ausstieg bei Gefahr kann keine Rede mehr sein.

Der Motor unseres Busses ist auch an diesem Morgen noch nicht angelassen, da erfolgt bereits die Frage:

„Wann halten wir denn wieder?" „Wegen der Toilette", wird hinzugefügt. Örtliche Toilettenkenntnisse sind für eine Busreisegesellschaft mitunter scheinbar wichtiger als alle anderen Informationen. Der Reiseleiter müsste jederzeit wissen, wo der diesbezügliche Halt sein wird, wie viel es kostet, ob man ein bestimmtes Geldstück braucht und wo demnächst zum selben Zweck gehalten wird.

Auf Autobahnen ist das kein Problem, auch nicht beim Besuch von Museen und Ausgrabungen, aber bei längeren Fahrten auf Landstraßen schon.

Etwa 550 Kilometer Autobahn in den Süden Kalabriens bis nach San Giovanni liegen vor uns. Dieser Teilabschnitt war erst 1971 gebaut worden, trotzdem registrieren wir bei jeder Fahrt zahlreicher werdende Baustellen. Augenblicklich werden nicht nur Reparaturen vorgenommen. Die gesamte Autobahn wird einer Erneuerung unterzogen.

Die ersten Kilometer der heutigen Strecke sind den Gästen bekannt. Wir fahren zurück bis Castellamare. Als wir über die lange Stadtteilbrücke fahren, erkannten wir im Nebelmeer nur ganz allgemein ein unendlich großes Häusermeer, selbst die Konturen des höckerartigen Vesuvs waren nur schemenhaft zu erahnen. Nah waren nur die Werbeplakate für Limoncello und Parkettfußböden, für colazione, Mode, für bestimmte Hotels und Restaurants und wieder für Mode.

Nicht ein einziges Mal habe ich Werbungen für Sicherheit im Straßenverkehr gesehen, wie ich es in anderen Ländern Europas sah.

In der Schweiz wurde mit verschiedenen Tafeln besonders auf die Gefährlichkeit des Alkohols verwiesen, in Deutschland spielen das Tempo und der Sicherheitsabstand eine große Rolle.

Die Werbung für den Sicherheitsgurt in Skandinavien hat mich am meisten beeindruckt. Im Mittelpunkt steht eine Familie. Ein Kind umarmt den Vater, eine Frau ihren Mann. Derjenige, der den Vater umarmt, trägt eine schwarze Jacke und der rechte Arm, der um den Hals des Vaters gelegt ist, steht symbolisch für den Gurt. Sicherheit in Familienbeziehungen wird übertragen auf die Sicherheit im Straßenverkehr. Eine optisch überzeugende Idee.

Heute Morgen wurde ich gefragt, wie in Italien ein Briefkasten aussieht.

Trotz der Reiselust unserer Gäste möchte fast jeder mit seinen Verwandten und Bekannten zu Hause in Verbindung bleiben. Es wird in zunehmendem Maße telefoniert, aber auch geschrieben. Deshalb ist die „Briefkasten-Frage" eine häufig gestellte. Welche Farbe hat er, ist er gelb, rot oder blau? Hat er dann noch zwei Einwürfe, wie hier in Italien, für „citta'" und „alla orte", ist die Frage berechtigt. Ich empfehle dann immer, alle Karten und Briefe an der Rezeption des Hotels abzugeben.

Ich hätte jedoch nie geglaubt, dass es zu größeren Problemen kommen könnte, dass man beispielsweise Hausbriefkästen und Müllkörbe miteinander verwechseln kann.

In den skandinavischen Ländern ist es üblich, Briefkästen an Einmündungen von Straßen und Wegen anzubringen. Diese sind ziemlich kompakt und in jedem Fall größer als unsere Hausbriefkästen. Als wir während einer Tagesfahrt an einem finnischen See rasteten, verwechselten meine Gäste beides und entsorgten ungewollt Papierabfall, leere Flaschen und Senfpappen. Diese Hinterlassenschaft deutscher Touristen war mir außerordentlich peinlich, aber es gelang mir nicht, das Weggeworfene herauszuklauben. Vorstellbar ist der Zorn des Bewohners, der seinen Briefkasten öffnet und statt der erwarteten Post unseren Müll vorfindet.

SALERNO erreichen wir schnell, es wird heute auf unserer Route der einzige große Ort auf dem italienischen Festland sein. Auf Viadukten fahren wir über der Stadt und schauen hinunter auf den Golf von Salerno und die riesigen Hafenanlagen. Über uns ist nur noch das alte normannische Kastell aus dem 11.Jh. Am beeindruckendsten jedoch ist die Stadt selbst, die sich zwischen dem Gebirge auf der Halbinsel von Sorrent und dem Tyrrhenischen Meer erstreckt. Einzelheiten sind im Vorbeifahren nicht zu erkennen, das Ganze wirkt.

Wenn ich mich zum Fenster beuge, sehe ich auch die Hafenbecken, sowohl den riesigen Containerhafen

mit Schiffen der „Grimaldi-Line" als auch die Yacht-
häfen für die private Flotte der Urlauber. Bevor man
alles wahrgenommen hat, fahren wir schon wieder in
einen Tunnel. Ein letzter Blick gilt noch dem Meer.
Sonnenstrahlen benetzen den Golf und lassen dessen
Oberfläche silberfarben kräuselnd aussehen.

Die Fahrt in UNTERITALIEN gehört zu den landschaftlich schönsten dieser Reise.

Rosen und Oleander blühen üppig zwischen den
Fahrbahnen. In vielen Windungen führt die Autobahn auf- und abwärts über mächtige Brückenkon-
struktionen, die den Viadukten im nördlichen Apennin Konkurrenz machen können. Stunde um Stunde
fahren wir an Fichten- und Buchenwäldern vorbei,
häufig stehen Eukalyptus-, Ginster- und Oleander-
bäume an den Straßenrändern. Je weiter wir südlich
fahren, desto bizarrer wird die Landschaft.

Die Orte links und rechts der Straßenführung kleben
an Berghängen und wachsen hinunter in die Täler.
Während wir in der Ebene von Eboli sehen können,
dass Wein, Tabak und Getreide angebaut werden,
sind die landwirtschaftlichen Flächen weiter im Süden schon vom Ausmaß her kleiner; wir fragen uns,
wovon sich die Bevölkerung ernährt.

Olivenbäume stehen am Straßenrand, sind einzelne
Punkte in der Landschaft und bestimmen sie zuletzt
ganz. Riesige Plantagen, alte knorrige Bäume und
kleine Frischlinge werden sichtlich gehegt. Häufig sehen wir auch Flächen, die kontrolliert abgebrannt

wurden. Eine alte, neue Form der Düngung großer trockener Weideflächen.

Ob jedoch die Brände, die wir an Straßenrändern und in Waldgebieten sahen, alle gewollt waren, wage ich zu bezweifeln.

Mehrfach überqueren wir einen Fluss mit dem Namen Tanagro. Niemals zuvor hatte ich diesen Namen gehört. Es stimmt schon: Reisen bildet.

Die Felder sind umrahmt von Macchia- Gürteln.

Im Vallo di Diano werden wir vor Nebel gewarnt, der tatsächlich plötzlich da war. Eine kleine, fruchtbare Ebene entstand auf dem Boden eines früheren Binnensees. Dunkle Erde auf schmalen Feldern, gerade umgepflügt und geeggt, dazwischen Laub-, Obst-, Nuss- und Olivenbäume.

Die Berge am Horizont erscheinen wie von Kinderhand gemalt. Kurze Zeit später durchqueren wir den Lukanischen Apennin. Das Land ist spärlich besiedelt. An den Hängen sind winzige Dörfchen, und auf Felskuppen kleben Städte, meist um verfallene Burgen und Kirchen geschart.

Wir sehen Laubwald, Bergland mit kleinen landwirtschaftlich genutzten Flächen, Schluchten, Olivenbäume und wieder Berge und Schluchten. Mehrere Schaf- und Ziegenherden grasen an den steilen Hängen. Elektrische Leitungen durchschneiden scheinbar das Gebirge. An einer Brücke lese ich ein Schild mit der Aufschrift „Albanese" und weiß nun, dass ich durch ein vor langer Zeit teilweise von Albanern besiedeltes Gebiet fahre. Die erst in der 2. Hälfte des 20. Jh. gebaute Straße führt über viele Viadukte und Brücken immer am Berg entlang und im Halbkreis um die Orte Lauria, Lagonegro und Castrovillari nach Cosenza.

Ich erinnere ich mich daran, dass diese Wegstrecke für uns schon so manches ungeplante Erlebnis in sich barg:

Hinter der vorderen Glasscheibe unseres Busses befindet sich ein Schild mit der Angabe unseres Reisezieles. Zu lesen war „Sizilien- Sonne und Kultur". Bei der jetzt von mir beschriebenen Februarfahrt fuhren wir bei Temperaturen von 5°C in Vico Equense ab. Weiter im Süden, in den Bergen, sanken die Temperaturen, Schneetreiben setzte ein. Nichts ging mehr auf der Autobahn. Die großen Trucks rutschten gegen die Brückenverstrebungen, standen nunmehr mehrheitlich quer auf der Straße. Unser Fahrer zog Schneeketten auf, aber es gab kein Durchkommen. Über eine Stunde standen wir und warteten auf den Winterdienst. Die Reisenden fotografierten indes immer wieder unser Busschild, nachdem sie die äußere Scheibe vom Schnee befreit hatten. Die Auffahrt zum Monte Sirino erfolgte später im Schritttempo. Für die Fotografen war das ein zufälliger Extradienst, weil der berühmte Monte Papa mit Schneemütze zu betrachten war und in Ruhe ins Bild gebracht werden konnte.

Der Wintereinbruch verfolgte uns an diesem Tag weiter. Hinter Lauria, unserer ersten Pause, setzte Eisregen ein und den Stretto, die Straße von Messina, passierten wir ebenfalls im Schneeregen. Weiße Berge begrüßten uns Ankommende in Sizilien, aber auch 8°C. Das Winterwetter war nur von ganz kurzer Dauer.

Im Oktober des gleichen Jahres passierte es auf der gleichen Etappe, kurz vor Cosenza. Während unserer Frühstückspause in Lauria ahnten wir noch nicht, dass es sobald schon eine erneute Zwangspause geben würde. Kurz nach der Weiterfahrt knallte es „hinten im Bus". Der Fahrer erkannte sofort, dass die Abdeckung eines Reifens geplatzt war. Zunächst aber musste der Bus langsam weiter über die Viadukte rollen, die gerade befahren wurden. Ein erneuter Knall, und deutlich sah man Reifenfetzen davonfliegen. Obwohl wir gerade wieder eine Talbrücke querten, fuhr der Fahrer vorsichtig an den Straßenrand. Noch während der Fahrer das Malheur betrachtete, hielt ein Polizeiauto bereits hinter uns an. Der rechte innere Reifen war es.

Ich versuchte zu helfen, studierte die Karte, um herauszufinden, wo die nächste Werkstatt für Busse war. Wir hatten Glück. Nur noch ca. 20 Kilometer trennten uns von der Abfahrt Brisignano, und von dort war es nicht weit zu einer Werkstatt. Mit Sondersignal begleitete uns die Polizei, ein Auto vor dem Bus, ein anderes dahinter. Langsam rollten wir Richtung Ausfahrt.

Der Tankwart rief in der Werkstatt an. Schon eine Viertelstunde später war der Werkstattwagen da.

Aber was hatte der Anrufer übermittelt? Der Repara-
turservice war auf einen Wechsel des Keilriemens aus,
nicht auf einen Radwechsel. Unsere Gesten, mit denen
wir etwas Rundes angedeutet hatten, waren missver-
standen worden. Für einen Radwechsel war auch der
Werkstattwagen nicht ausgerüstet, also blieb ich mit
den Gästen zurück, während der Bus in die Werkstatt
gebracht werden musste.

Als wir zwei Stunden später, nunmehr mit neuen Rei-
fen, nach Cosenza unterwegs waren und der Fahrer an
einem Berg gerade einen LKW überholen wollte, be-
merkte ich, wie sich am Hinterrad des vor uns Fahren-
den ein großes Stück der Bereifung löste und auf uns
zutrieb. Voller Bange sah ich es, konnte aber nicht
mehr tun, als dem Fahrer zuzurufen: „Da, da! Pass
auf!" Zum Stehen konnte der Bus nicht mehr gebracht
werden. Das Teilstück knallte gegen den Bus, aber zum
Glück unterhalb der Scheibe gegen die Verstrebungen,
so dass nur der Zusatzscheinwerfer entzwei war. Beide
Fahrzeuge hielten. Der Fahrer des italienischen Last-
wagens, ein kleiner temperamentvoller Sizilianer, re-
dete auf uns ein. Das Wort „Versicherung" schien er zu
verstehen, er hatte mit Sicherheit keine, denn sofort
zückte er ein „zerknautschtes" Bündel Scheine und trat
mit dem Busfahrer in Verhandlung.

Endlich passieren wir Cosenza. Gleich mehrere Satel-
litenstädte, die sich im Tal von Nord nach Süd ziehen
und moderne 4-5-stöckige Häuser haben, umgeben
den malerischen Kern der Altstadt. Im Tal schlängelt
sich der Busento, den ich mir breiter, wasserführen-

der vorgestellt hatte, nachdem ich den Monumentalfilm über den Tod des Westgotenkönigs Alarich und seine Beisetzung im Busento mehrfach gesehen hatte. Zu diesem Zwecke war der Flusslauf im 5.Jh. vorübergehend verändert worden. Eigentlich ist die Bezeichnung Fluss eine Hochstapelei, obwohl ich mir darüber im Klaren bin, dass von der Autobahn hier oben alles klitzeklein aussieht. Aber so schmal, so unbedeutend kann der Flusslauf damals nicht gewesen sein, sonst hätten die Goten ihm weder ihren König noch die sagenhaften Goldschätze anvertraut. Immer wieder gab es in den letzten Jahrhunderten Grabungsarbeiten zum Auffinden seiner unermesslichen Schätze.

Die Landschaft im Süden wird immer karger. Das dicht bewaldete Sila-Gebirge muss noch durchfahren werden. Eine Vielzahl trockener Flussläufe wird gequert, breit sind sie und ihre Ufer flach. In den Flussbetten wachsen Büsche und Bäume, es scheint als fließe dort niemals Wasser.

Oliven- und Orangenplantagen beweisen die Nähe von Siedlungen oder einzelnen Gehöften. Die Werbung für ihre Früchte handhaben die Bergbauern ganz einfach. An der Autobahn werden auf ein Gerüst Apfelsinenkisten gestapelt, die wiederum von bunten Wimpelketten umgeben sind. Man nimmt es hier nicht so ernst, denn hier wird angehalten, die frischen Apfelsinen werden kistenweise erworben. Auch wir kommen in Versuchung, aber eben nur in Versuchung.

Dann führt die Straße endlich, endlich ans Mittelmeer. Unsere Mittagspause wollen wir am Strand verbringen. Wie Pilze schießen die Neubauten hier zwischen Falerna und Pizzo aus der Erde. Der wunderschöne Sandstrand wird sicherlich in der Zukunft mehr Touristen anlocken. Wir kommen ja nur für ganz kurze Zeit, wollen aber unbedingt im Eufemischen Golf baden oder wenigstens mit den Füßen ins Wasser gehen.

Während die Reisegäste am Strand bummeln, bereite ich das Mittagessen. Dabei erinnere ich mich daran, wie es war, als ich zum ersten Mal diesen Rastplatz „ausprobierte".

Schon lange wurde von diesem „Wunderbus" erzählt, den sich ein Privatunternehmer gekauft hatte. Es war ein Doppelstockbus, d.h. die Gäste saßen oben und beim hinteren Einstieg befanden sich eine Lounge mit 6 Plätzen und eine etwas größere Küche. Von der Fahrerkabine aus konnte man über Video das Geschehen im Bus kontrollieren.

Die Reiseleiterin hatte einen Arbeitsplatz mit sportlichen Anforderungen, denn von der Fahrerkabine führten Stufen hinauf zu den Gästen und im hinteren Teil wieder hinunter zur Küche. Eine direkte Verbindung zwischen Lounge und Fahrer gab es nicht. Täglich kamen auf diese Weise etwa 700 bis 800 Treppenstufen zusammen. Unschöner fand ich, dass von der Küche aus keine Sicht nach vorn möglich war, denn in diesem Falle musste ja die Reiseleiterin von hinten nach vorn laufen, um über Mikrofon die Gäste auf die Sehenswürdigkeiten aufmerksam zu machen. Wie oft kam ich vorn an, wenn die Burg, der Blick oder was auch immer, schon vorbei waren.

Dieser Bus hatte neben einer Kaffeemaschine und einem Würstchenkocher auch eine Mikrowelle und einen großen elektrischen Suppentopf. Die Tücke bestand nur darin, dass nur zwei Geräte zur gleichen Zeit benutzt werden durften, sonst flog die Sicherung raus und der Sicherungskasten außen konnte erst nach dem Stillstand des Busses erreicht werden. 48 Gäste warteten also auf ein Mittagbrot.

An diesem Tag sollte der Suppenkessel eingeweiht werden. Erfahrungen gab es mit Bus und Topf keine. Nun ist es wahrhaftig nicht schwer, ein Fertiggericht zu erhitzen, es mit kleingeschnittenen Würstchen zu verfeinern. Wer ahnte aber, dass zum Erwärmen knappe zwei Stunden Heizen notwendig sind? Immer wieder kamen die Gäste vom Strand, weil sie der Hunger plagte. Wie war ich froh, dass das verspätet gereichte Essen gut schmeckte und unser Zeitplan an diesem Tag nicht so knapp bemessen war.

Von diesem eindrucksvollen Rastplatz fahren wir noch etwa eine Stunde, um die Fähre zu erreichen, die uns nach Messina bringen soll.

Die Straße führt parallel zum Meer auf halber Höhe einer Hügellandschaft mit Blick hinunter auf den Sandstrand, die sich brechenden Wellenberge und das blaugrüne und türkisfarbene Wasser. Wir beobachten die weißen Schaumkronen und bewundern, wie sich all diese Elemente zu einem Bild zusammenfügen, das man in Erinnerung behalten wird.

Bei besonders guter Sicht kann man den bald 100 Kilometer entfernten Stromboli, den aktiven Krater der Liparischen Inseln, sehen.

Noch ein letztes Mal queren wir das Landesinnere, dann erreichen wir endgültig die wahrscheinlich prächtigste Aussicht auf die Küste und nun auch schon auf Sizilien. Abfahrtsschilder weisen darauf hin, dass der Südzipfel Italiens viele sehenswerte „Montis" (Berge) hat, aber unsere Gäste interessiert nur noch das Land ihres Urlaubs ... SIZILIEN.

Selbst das alte Städtchen Scylla, das schon in Homers Odyssee genannt wird, ruft keine besonderen Emotionen hervor, obwohl ich mich bemühte, das sagenumwobene, brüllende und Menschen verschlingende Ungeheuer phantasievoll darzustellen. Ich nehme an, dass alle Gäste noch aus der Schulzeit mit dem Bild der reizenden Jungfrauen vertraut sind, denn zusammen mit der gegenüberliegenden Charybdis war die Scylla eine tödliche Gefahr für alle vorbeifahrenden Schiffe.

Auf der äußersten Spitze des Felsens Scylla steht noch heute ein malerisches Kastell. Durch einen Unfall im Autotunnel wurden wir einmal gezwungen, durch das kleine Städtchen Scilla zu fahren. Schmale, für den Bus kaum befahrbare Straßen winden sich durch einen Ort, dessen „Schönheit" hauptsächlich auf der besonderen geografischen Lage beruht. Nach dem großen Erdbeben wurde es für die damalige Zeit zweckmäßig wiederaufgebaut, eng schmiegen sich die Häuser aneinander und an den ca. 70 m hohen Felsen. Im Normalfall bewegt sich unser Bus auf der Autobahn 100 Meter über diesem Felsen, so dass das Ganze einer beeindruckenden Theaterkulisse ähnelt.

Sizilien rückt immer näher. Zwischen der Nordspitze Siziliens, der Punta del Faro, und dem Festland verläuft eine elektrische Starkstromleitung, die für alle ersichtlich in zwei hohen Masten zu beiden Seiten der Meerenge endet. Dass die „Straße von Messina" an der schmalsten Stelle immerhin drei Kilometer breit sein soll, kann der Urlauber kaum glauben. Aber der Schein trügt, denn die Schiffe wirken von hier oben wie Spielzeuge.

Nach der Abfahrt „San Giovanni", einer rechtwinkligen Abbiegung mit tiefen Fahrspuren im Sand neben der Fahrbahn, die deutlich machen, dass schon viele Autofahrer hier festsaßen, suchen wir den Weg durch den Schilderwald der Fährgesellschaften. Rechts… links… rechts… links… und wieder rechts.

Wenn ein Besucher mit der Eisenbahn nach Sizilien fährt, dann rollt der Zug auf die Staatliche Fähre; sie fährt sozusagen nach Fahrplan und endet ebenso in Messina wie die private Fähre, auf der wir einchecken wollen.

Die von mir gesammelten gebrauchten Telefonkarten von Spanien, Griechenland usw. wirken sich positiv auf eine schnellere Beförderung aus. Nachdem der Bus auf die Fähre gefahren ist, können die Gäste aussteigen, auf der Fähre herumgehen und die etwa 35 Minuten dauernde Überfahrt genießen. Ein Abschied nehmender Blick erfolgt zum Festland, zur Küste Kalabriens. Dann aber konzentriert sich alles auf die Insel. Wie die meisten Gäste, mit denen ich ins Gespräch komme, bin ich beeindruckt von der sich langsam vollziehenden Annäherung an die Insel. Ich genieße es, über den Stretto, die Meerenge, zu fahren.

Die Urlauber stehen hauptsächlich oben am Mast der Fähre oder versuchen anderweitig, die beste Position zum Fotografieren einzunehmen. Ein Windstoß nur- und gleich zwei Hüte meiner Reisegesellschaft schwimmen diesmal auf dem Wasser. Das Lachen der Mitreisenden zwingt sie, ebenfalls gute Miene zu machen.

In der Zukunft werden die fünf Millionen Einwohner Siziliens schneller auf das Festland gelangen können. Nämlich dann, wenn die seit 1968 geplante Brücke fertig sein wird. Geplant war schon das Jahr 2011. Die Pläne über die Höhe der Pylonen und die Breite der Fahrbahnen blieben lange in den Stahlschränken der Verantwortlichen. Wir haben den Eindruck, dass zumindest die Sizilianer damit keine Eile haben. Für den Tourismus würde die Riesenbrücke sicher von Vorteil sein. Sizilien wäre schneller erreichbar und hätte sicherlich ein gigantisches Bauwerk mehr aufzuweisen.

In einer deutschen Tageszeitung bezeichnete man den Bau der längsten Hängebrücke der Welt sogar als „achtes Weltwunder", ein fünf Kilometer langer und erdbebensicherer Bau, dessen Brückenpfeiler dann 370 Meter in den Himmel ragen würden.

Noch ist für den Vorbeifahrenden nichts von einem gigantischen Bauwerk zu sehen.

Wie ich schon sagte, ich genieße es, mit dem Schiff über die Meerenge zu fahren, das Land hinter mir zu lassen und Neues ganz langsam zu entdecken.

Hier kann ich an der Bordwand stehen, lache mit den anderen Gästen, wenn wieder ein Strohhut über Bord geht, fühle mich einfach leicht. Dabei ist es mir egal, ob das Schiff groß oder klein ist, ob eine Fähre, ein Ruderboot, ein Ausflugsdampfer oder ein Luxusliner.

Während der morgendlichen Fahrt am Tyrrhenischen Meer hatten die im Bus rechts Sitzenden den Vorteil hinunter auf das Meer zu schauen, auf dem letzten Tagesabschnitt konnten die Gäste, die in Fahrtrichtung links saßen über die Straße von Messina bis nach Kalabrien blicken.

Die geografische Lage MESSINAs am Stretto wird in den Reiseführern gelobt. Ansonsten ist die Stadt beim ersten Durchfahren für den Betrachter keine Schönheit. Dazu aber muss man einen Teil ihrer Geschichte kennen. Nach dem fürchterlichen Erdbeben von 1908, wo 90% aller Häuser zerstört wurden, überwand die Stadt eine zweite Katastrophe, die Zerstörungen des zweiten Weltkrieges mit mehr als

50% des Häuserbestandes. Über dem recht eintönigen Häusermeer thront nur ein Gebäude, der nach dem zweiten Weltkrieg wiedererrichtete Dom.

Im Reisekatalog war als Tagesziel der „Raum Taormina" angegeben. Dazu gehören die schönsten Urlaubsorte Siziliens überhaupt, nämlich Taormina, Letojanni und Giardini Naxos. Ich kenne mehr als ein Dutzend verschiedene Hotels in dieser Touristenhochburg und weiß bereits, dass der Aufenthalt in einem der am schönsten gelegenen der Insel erfolgen wird.

Morgen, so denke ich, werden Ruhe und Erholung im Vordergrund stehen. Der Koffer kann endlich ausgepackt werden, denn nun folgen fünf Nächte im selben Hotel. Obwohl die ersten drei Tage für die Reisenden anstrengend waren, verlief die Reise bis hierher planmäßig und harmonisch.

Jetzt ist der Augenblick gekommen, wo ich eine unangenehme Pflicht erfüllen muss. Den Gästen musste ich deutlich sagen, welche Bedeutung das Wort „Halbpension" im Reisekatalog hat.

Leider nehmen doch viele Touristen an, dass ihnen neben Frühstück und Abendbrot noch eine Verpflegung für den Tag zustehen müsste. In jedem Bus bitte ich bei der Anreise, dass keine Schnitten (oder anderes) aus dem Restaurant mitgenommen werden, dass wir eben keine Vollpension, oder wie ich immer sage, „Marschverpflegung", gebucht haben. Dieser Vorgang ist für mich und die vielen ehrlichen Reisenden unangenehm. Noch peinlicher ist es jedoch, als Reiseleiter bei der Hotelankunft dahingehend angesprochen zu werden, dass die Gäste des letzten Busses die Handtaschen nicht nur mit Broten, sondern auch mit Obst, Joghurt, Marmeladen- und Honigdöschen, eben alles, was auf dem Tisch stand, gefüllt haben.

Die Hotels versuchen auf unterschiedliche Weise, dieser Unsitte beizukommen. An Deutlichkeit nicht zu überbieten ist der Aufsteller in einem Schweizer Hotel. „Iss Dich fit, nimm nix mit!"

In einem Wiener Hotel las ich: „Guten Morgen! Wir wünschen Ihnen, lieber Gast, ein Frühstück ohne jede Hast, und extra großen Appetit, doch bitte: Nehmen Sie nichts mit."

In einem anderen Hotel steht auf einer Karteikarte im Speisesaal: „Kein Obst auf die Zimmer mitnehmen!"

Wenn das nicht reicht, erfolgen schon auch einmal Taschenkontrollen oder auch die Aufforderung zur Zahlung für das Lunchpaket.

Für unwahr halte ich die Story, die immer wieder erzählt wird, dass eine Kellnerin bei der Kontrolle der Handtaschen zu den mitgenommenen Broten den noch fehlenden Frühstückskaffee hineingegossen habe. „Den haben Sie noch vergessen", soll sie gesagt haben.

Erlebt habe ich aber schon, dass es in einem Hotel statt des Frühstücksbuffets ein vorbereitetes Frühstück für jeden Gast gab. Diese Veränderung als Folge von Fehlverhalten merkt aber nur der Reiseleiter, der mehrfach in dem betreffenden Hotel übernachtet. Die Gäste stellen nur missgelaunt fest, dass sie Käse- und Wurstscheiben abgezählt auf dem Teller erhalten.

Mir ist in Erinnerung, dass zwei ältere Damen auf einer Fähre mit Faltbeuteln zum Abendbrot kamen und direkt vom Buffet die diversen Essen in die Beutel gleiten ließen. Den vergleichsweise hohen Betrag, den zu zahlen sie das Personal aufforderte, beglichen sie anstandslos.

Ein jüngeres Paar hatte vier Paar Doppelschnitten bereits fertig auf dem Teller, als sich der Kellner näherte und sie auf den Lunchpreis hinwies. Sie standen, ohne zu zahlen, auf und ließen die von ihnen bereits vorbereiteten Brote einfach auf dem Teller zurück.

Viele Gäste sind sparsam. So fiel uns eines Morgens auf, dass eine ältere Frau am Tisch wartete, bis alle anderen fertig waren, dann packte sie die „Reste" in aller Ruhe in einen mitgebrachten Beutel, da waren abgepackte Zuckerstückchen, dort noch eine halbe Semmel, dann noch eine Scheibe Wurst usw. usf. Kaum zu glauben, wenn man bedenkt, dass die Handlung während einer doch preisintensiven Reise nach Sizilien erfolgte.

Meist sind es die Damen, die das Essen aus dem Spei-
sesaal hinaustragen, aber Obst und gekochte Eier wer-
den oftmals von den Männern transportiert. Ich ärgere
mich, wenn ich nach dem vierten Reisetag beispiels-
weise Eierschalen im Bus zusammenkehre, dann weiß
ich mit Sicherheit, dass sie vom Frühstücksbuffet stam-
men. Deshalb sei es mir auch verziehen, dass ich scha-
denfroh war, als ein Gast kurz vor Abfahrt noch einmal
um seinen Koffer bat. Das zerdrückte Ei in der Hosen-
tasche hatte unübersehbare Spuren hinterlassen.

Diese Versorgungsmentalität wird mir immer unver-
ständlich bleiben, zumal es möglich ist, im Bus eine
Kleinigkeit zu erwerben und an allen Pausenplätzen
auch Kioske mit erschwinglichen Preisen geöffnet
haben.

Gleiche Handlungsweisen sah ich aber auch bei Reisenden anderer Nationen.

Das Verhalten im Tourismusgeschäft verlangt es
auch, auf die Hoteliers zuzugehen. Umso angenehmer
ist es auch, in einem Hotel persönlich bekannt zu sein,
meist werden dann neben den dienstlichen Aufgaben
auch freundliche Worte gewechselt. Und immer wieder kommt es zu Missverständnissen.

Auch an diesem Spätnachmittag war das so.

Der Rezeptionist begrüßte mich liebenswürdig mit
den Worten: „Willkommen, Frau Olga. Wie geht es
Ihnen?" Wer nun annimmt, dass er mich verwechselt
hat, der irrt. Die Anrede „Olga" ist eines der vielen

Missverständnisse, die auf einer Reise passieren können.

Das kam so: Ich sprach nach der Anreise mit dem Verantwortlichen des Hotels den zeitlichen Ablauf für den folgenden Tag ab. Es wird die Besichtigung der Stadt und des antiken Theaters von Taormina sein. An diesem Tag wird die Gruppe erstmals von einem „örtlichen" Reiseleiter begleitet. Als der Manager mich nach dem Namen des Reiseleiters fragt, hatte ich nicht begriffen, dass er mich meinte, sondern bezog diese Frage ganz selbstverständlich auf den Örtlichen und nannte deren Namen, „Olga". Seitdem begrüßte er mich jeden Morgen mit der Anrede „Frau Olga" und ich wusste nicht, wie ich das Missverständnis erklären sollte. Ich hoffte, dass er den Namen bis zur nächsten Reise vergessen hätte. Wie sich nun zeigte, war das nicht der Fall.

In den meisten Hotels nennt man mich jedoch „Elfriede". Das ist mein Zweitname. Die Italiener kennen das nicht, dass in deutschen Ausweisen der Vorname unterstrichen wird, deshalb verwenden sie als Anrede den zuerst stehenden Namen. Bei mir hat es ziemlich lange gedauert, bis ich begriffen hatte, dass man mich meinte, wenn man „Elfriede" rief.

Diese kleinen lustigen Episoden resultieren aus dem Bemühen, trotz der sprachlichen Barrieren miteinander zu kommunizieren.

In einem kleineren Familienhotel hängt im Foyer ein Ölgemälde, das einen seriösen Herrn mit schwarzem

Anzug, schwarzem Hut und auffallend dunklen Augen zeigt. Der „Opa" auf dem Bild hatte einen gutmütigen Gesichtsausdruck. Der Besitzer des Hotels sah meine Blicke zum Bild hinüber wandern und fragte: "Gefällt es Ihnen?" Automatisch verglich ich sein Aussehen mit dem des Seriösen auf dem Bild und fand, dass sie sich ähneln könnten. Um ihm etwas Nettes zu sagen, verwies ich auf die vermeintliche Ähnlichkeit und verstieg mich in die Formulierung, es könne sicherlich der Firmengründer bzw. der Großvater sein. Schmunzelnd sah der Chef zu mir herüber und meinte, ich würde nicht seinem Großvater, sondern dem amerikanischen Präsidenten gegenüberstehen.

Ganz gern bummle ich in der Freizeit dort, wo sich hauptsächlich Einheimische aufhalten. Ein Friedhof beispielsweise erzählt viel über die Menschen der Region. So fragte ich vor einer Pizzeria den Wirt oder Kellner, der davorstand und nach Touristen Ausschau hielt, ob dieser Ort auch einen Friedhof habe. Der Mann verstand das Wort "Friedhof" nicht, und ich bemühte mich, den Begriff zu umschreiben als "Ort, wo die Toten bestattet werden". Er, geschäftstüchtig, überlegt nur einen kurzen Augenblick und antwortet: "Ja, ja, das haben wir auch. Gehen Sie nur erst einmal rein in die Gaststätte und nehmen Sie Platz."... So kam ich statt eines Friedhofsbesuches zu einem Cappuccino.

Beim letzten Aufenthalt hatte einer unserer Gäste Geburtstag, und ihr Mann bat uns, einige Kleinigkeiten zu besorgen. Da es schon nach dem Abendessen war, blieb uns nur die Möglichkeit, den Wirt um Mithilfe zu bitten.

Der Gast bat um eine Flasche Wein, einen Blumenstrauß und eine Kerze. Eifrig nickte der Chef: „Selbstverständlich besorge ich Blumen und Wein. Aber was ist Glatze?"

Im Baia degli Dei (Hotel in Giardini Naxos) gibt es zum Abendbrot Fisch. Wir versuchen herauszufinden, welcher Fisch es war. Wir wissen schon, dass es weder Schwertfisch noch Seezunge sein kann. Schließlich frage ich den Kellner, natürlich in deutscher Sprache. „Wie heißt der Fisch, den wir gerade zum Abendbrot gegessen haben?" Er versteht kaum meine Sprache, antwortet aber wie aus der Pistole geschossen: "Jeanni." Der Hotelier, der hinter ihm stand, fängt laut an zu lachen und erklärt. „Der Fisch heißt Arricola. Der Kellner Jeanni." Der von uns befragte Kellner hatte in meiner Frage nur das Wort „heißt" verstanden und blitzschnell geantwortet.

Ich habe es mir im Liegestuhl bequem gemacht, neben mir liegen die Karten und Aufzeichnungen für die nächsten Tage. Ich schaue jedoch immer wieder hinüber zum Felsenpanorama von Taormina. Von der Küste beginnend, wandert mein Blick aufwärts zu der Stelle, wo ich das griechisch-römische Theater vermute, dann weiter über den Monte Tauro, auf dem die Stadt errichtet wurde und schließlich über die Rocca weiter bis Castelmola in etwa 500 Meter Höhe. Jedes der genannten touristischen Highlights hat seine ganz besonderen Reize.

Unser Ziel für den heutigen Nachmittag ist ausnahmsweise in Sichtweite. TAORMINA.

Es war damals auch ein Septembertag, ebenso warm und sonnig wie bei diesem Aufenthalt, als ich die Stadt erstmals kennenlernte.

Natürlich kann man von Letojanni nach Taormina zu Fuß gehen, den größten Teil der Strecke sogar am Strand entlang. Aber die archäologische Zone und der berühmte Corso Umberto befinden sich am Monte Tauro, reichlich 200 Meter über dem Meer. Für eine Reisegruppe mittleren Alters ist es bequemer, mit dem Reisebus hinaufzufahren zum „Lumbi", einem in den Fels gehauenen Parkplatz. Von dort fahren kleine Verbindungsbusse über schmale, kurvenreiche und grobgepflasterte Straßen aufwärts bis in die Nähe des ersten Stadttores.

Hier begann der eigentliche Spaziergang. Die Gruppe versammelte sich unter einem Ficus. Was ich zu Hause als Blumentopf hegte und pflegte, war hier unter südlicher Sonne zu einem Baum herangewachsen, der einem ganzen Platz Schatten spendete.

Erstes Besucherziel war das griechisch-römische Theater. Bald schon konnte ich feststellen, dass alle Schilderungen dieses touristischen Kleinodes „untertrieben" waren: die Mächtigkeit der Anlage, die von der Sonne beschienene Arena des Theaters, die Wandelgänge, die aus dem Stein gehauenen Sitzplätze, aber auch die noch erhaltenen Säulenstümpfe und Kapitelle. Dazwischen wucherten Kakteen, die verschiedensten Agaven, sogar eine Schwanenhalsagave und immer wieder Oleander in unterschiedlichen Farben. Eine Märchenwelt, nicht nur für Fotografen, tat sich auf, als wir den höchsten Punkt erreichten. Auf der einen Seite der Ausgrabungsstätte blickte man auf den ehemaligen Fischerort Letojanni, die Kabinenbahn, die das Meer und die Stadt Taormina verbindet und auf die mächtigen Arme der Straßenführungen. Nach nur wenigen Schritten ist man auf der anderen Seite. Andächtig standen wir vor der Kulisse des Ferienortes Giardini Naxos und dem sich dahinter erstreckenden Gebirgsmassiv des Ätna.

Kein Wunder also, dass sich die Sangeskundigen unter diesem Eindruck spontan auf der Bühne des Theaters versammelten und den bekannten Kanon „Dona nobis pacem" anstimmten. Während ich dem Gesang und den anschließenden Ausführungen folgte, konnte ich förmlich spüren, wie hier die Griechen und Römer in alten Zeiten „lustwandelten", den angenehmen Lufthauch des Meeres fühlend.

Ich rege mich darüber auf, dass sich hier andere Touristen auf unschöne Art und Weise verewigten. In Kakteen und Agaven ritzten sie ihre Namen und Liebeserklärungen. Allmählich vernarben diese Schändungen wieder, aber neue Einritzungen zeigen auch, dass die Dummheit nicht vergeht.

Die Stadt selbst ist noch viel schöner, als in den Reiseführern beschrieben. Die Hauptstraße verläuft mitten durch die Stadt und verbindet die beiden Stadttore. Wenn die Siesta vorüber ist, beginnt das eigentliche Leben in der Stadt.

Ich setzte mich auf eine von der Sonne erwärmte Steinbank vor der Kirche zwischen die Einheimischen, die so wie ich einfach nur dasitzen und genießen. Wohin man auch schaute, überall erblickte man blühende Bäume und Blumen in wunderschönen Keramiktöpfen auf Simsen, Fensterbänken, Balkonen oder Treppen.

Je weiter der Nachmittag voranschritt, desto dichter wurde der Promenier- und Einkaufsverkehr.

Als die Sonne untergegangen war, erhob ich mich, denn es wurde zunehmend kühler und der Wind frischte auf. Ich zog einen Pullover über und war nun bereit für meine Einkäufe. Genau in dem Moment fiel mein Blick auf eine Tischdecke, genau in den richtigen Maßen. Zunächst kostete sie 80.000 Lire, weil ich zögerte, nur noch 75.000. Dann fragte mich die Verkäuferin, was ich „spendieren" wolle. Ein Handeln oder Feilschen um einen bestimmten Preis ist mir fremd. Also hatte ich am Ende meines Besuches keine Tischdecke.

Am nächsten Tag ärgerte ich mich, die Zeit in der Stadt nicht besser genutzt zu haben. Wäre ich doch hinaufgestiegen nach Castelmola oder wenigstens bis zur mittelalterlichen Burgruine!

Die Gelegenheit bot sich bei einer späteren Reise, als die Führung am Morgen stattfand und die Freizeit nicht so begrenzt werden musste. Es war mehr scherzhaft gemeint, als ich bei der Verabschiedung des Stadtführers hinzufügte: „Und in einer Stunde treffen wir uns wieder, dann steigen wir hinauf auf die Spitze des Kalkfelsens." Ich staunte nicht schlecht, als ich meine gesamte Reisegruppe nach der Mittagspause auf der Piazza vorfand, auch die Älteren waren entschlossen, den „Naturbalkon" zu erklimmen. Nein, die Fahrstraße war uns zu bequem. Auf sogenannten Ziegenpfaden kraxelten wir aufwärts.

Nur kurz kam mir der Gedanke, was zu tun sei, wenn einem Gast etwas zustoßen würde.

45 Minuten benötigten wir für den Aufstieg, bei dem selbst meine Knie ein bisschen weich wurden und meine Schuhe scheinbar eine Nummer zu klein. Aber niemand klagte, denn die Ausblicke beim Hinaufstapfen und oben von der Terrasse des Cafes waren einmalig schön.

Während wir gemütlich plauderten, begann es auf einmal heftig zu rumpeln. Es klang so, als würde ein schwer beladener Eisenbahnzug durch einen Tunnel fahren und wir säßen auf diesem Tunnel. Tassen, Gläser und Teller klapperten. Ratlos sahen wir von einem zum anderen. Aber da hatte es schon aufgehört. Wir waren mit der Erklärung zufrieden, dass wir gerade eine Eruption des Ätna miterlebt hätten. Am Abend hörten wir in den Nachrichten: Wir hatten ein Erdbeben der Stärke 7 auf der Richterskala erlebt, das Epizentrum lag bei Tyndaris in Südgriechenland.

Bei dieser Reise holt uns die örtliche Reiseleiterin bereits am Hotel ab. Dadurch kann sie die Gäste schon recht gut auf die Besichtigung von Taormina einstimmen, und ich habe die Möglichkeit, für 90 Minuten Touristin ohne Verantwortung zu sein.

Mein erster Weg führt über die Agora (zentraler Platz der Stadt) mit dem weit ausladenden, Schatten spendenden Ficus zum kleinen Odeon. Fast allein stehe ich hinter der Kirche S.Caterina und schaue staunend durch die Eisengitter, die das Rund des Theaters begrenzen. Im gesamten Ausgrabungsbereich stehen blühende Topfblumen auf den ehemaligen Sitzplätzen, ein faszinierender optischer Widerspruch. Hier also befindet sich der „kleine Bruder" des großen Theaters, hier fanden nach altgriechischen Maßstäben die nicht so bedeutenden kulturellen Veranstaltungen statt.

Weiter laufe ich zu einer Straße mit dem Namen „Naumachie", ein Begriff, der mich förmlich zwang, die Straße in Augenschein zu nehmen. Naumachien wurden die römischen Seeschlachten genannt, die Gladiatoren in extra dafür angelegten Bassins oder Arenen durchführen mussten. Erwartungsvoll schaute ich mich um. Nichts, aber auch gar nichts erinnerte an alte römische Zeiten. Es war eine ganz normale Straße.

Aber dann verweist ein Schild „Gymnasion" auf einen schmalen, neu gepflasterten Garten, der parallel zum Corso Umberto verläuft. Ich stehe in einer Oase der Ruhe, höre nur das Gurren der Tauben und das Gezwitscher anderer Vögel. Kaum ein Tourist verirrt sich hierher. Ein Marmorsockel, auf dem sicherlich vor langer, langer Zeit eine Skulptur stand, lud mich zum Verweilen ein. Senkrecht über mir befanden sich schon die Geschäftshäuser der modernen Stadt.

Reste einer Seeschlacht fand ich jedoch auch hier nicht.

Wieder landete ich auf der Hauptstraße, genoss in einem kleinen Cafe direkt auf der Straße einen Capuccino, der so nur in Italien schmeckt.

An mir vorbei promenierten Kameras und Fotoapparate, große und kleine Tüten, Stadtpläne... Hauptsächlich wurden sie bewegt von japanischen Touristen, Gästen von Kreuzfahrtschiffen, die im Hafen von Giardini Naxos vor Anker lagen, auch von Privaturlaubern. Da wanderten schwarze und weiße Kopfbedeckungen vorbei, Hüte mit und ohne Blumenschmuck, aus Stoff oder gehäkelt, Basecapes und

Strohhüte. Die Japaner zeichnen sich durch besonders malerische Kreationen aus. Aber auch sonst trägt mancher aufgrund der starken Sonnenstrahlung einen Hut, mit dem er sich vorher nicht im Spiegel betrachtet haben kann.

Mein Blick, zunächst von Kopfbedeckungen angezogen, gleitet nach unten. Elegante und bequeme Kleidung sieht man gleichermaßen. Am elegantesten sind die Einwohner selbst gekleidet. Die Männer überzeugen mit Anzug, Hemd, Krawatte und natürlich Hut, die Frauen, dezent geschminkt, Schmuck tragend und mit gepflegter Frisur. Das Gegenteil von ihnen läuft laut diskutierend und im schrillen Outfit gekleidet ebenfalls an mir vorüber... hauptsächlich sind es Engländer und Amerikaner.

Die promenierende Schar lässt Langeweile nicht aufkommen.

Die Betrachterin schaut auf ein Keramikgeschäft gegenüber. Sonne, Mond und die Trinagia, Kultobjekte aus Terrakotta, glitzern in sizilianischer Sonne. Die farbenprächtigen Ausstellungsstücke werden von Pelargonien und Bougainvillea umrahmt, die wiederum in wunderschönen Keramiktöpfen am Eingang stehen oder von der sich darüber befindenden Balkonbrüstung herunterhängen. Ein Meer aus Farben.

Ich habe mich entschlossen, dass sich zu meiner sizilianischen Sonne, die zu Hause im Korridor hängt, in diesem Jahr eine „Trinagia" aus buntglasierter oder bemalter Keramik gesellen soll.

Seit der Zeit Homers trägt die Insel Sizilien diesen Namen. Dargestellt wird ein Mädchenantlitz, das von Schlangen und kleinen Flügeln umrahmt wird. Die Schlangen sind Attribute des griechischen Gottes der Heilkunde, Äskulap, und sollen Gesundheit und Weisheit symbolisieren. Die Flügel wiederum bedeuten geistige Regsamkeit und erinnern an den Beschützer der Reisenden, Hermes. Das ist der Grund, weshalb eine Trinagia mein Eigentum werden soll. Dabei will ich natürlich nicht daran erinnert werden, dass Hermes u.a. auch der Beschützer der Lügner, Diebe und Betrüger ist. Der Frauenkopf wird nochmals eingerahmt von drei angewinkelten, ziemlich muskulösen Beinen, die das Sonnenrad symbolisieren sollen. Ich habe auch schon gehört, dass damit die drei Kaps der Insel verdeutlicht werden sollen. Diese Auslegung ist für mich auch besser vorstellbar.

Noch lange könnte ich hier verweilen, meine Gäste kommen jedoch aus dem „Teatro Greco" zurück, mit ihnen bummle ich nunmehr zum „Giardino Trevelyan", einer eindrucksvollen Parkanlage.

5. Reisetag: PALERMO

Genau vier Fahrstunden benötigen wir, um vom Hotel nach Palermo zu kommen, wenn man die Pause im Zentrum der Insel mitrechnet. Vorausgesetzt der Bus fährt 6.30 Uhr ab, dann ist die Autobahnraststätte nahe der Stadt Enna in einundeinhalb Stunden zu erreichen und Palermo , die 800.000 Einwohner-Stadt, die von 64 Bergen umgeben sein soll, gegen 10.30 Uhr.

Die Autobahn führt zunächst südlich, nahe der Küste, Richtung Catania. Oleander und Rosen scheinen hier das ganze Jahr zu blühen. Dazwischen entdecke ich kräftige Agaven, sowohl die grauen Mittelmeeragaven als auch die am Rand gelbgestreiften Agaven, die einst aus Mittelamerika stammten, und je weiter man südlich fährt auch Frigiliana (Feigenkaktus). Die Dolden des wilden Fenchels und die Schwanenhalsagaven ragen über dem allgemeinen Grau-grün-gelb durch ihren hohen Wuchs heraus.

Weiter von der Straße entfernt dominieren riesige Pflanzungen von Apfelsinen und Zitronen, auch eine Kumquatplantage sehen wir beim Vorbeifahren. Das sind die kleinen orangefarbenen Früchte, die man mit der Schale essen kann. An unseren deutschen Gemüseständen gibt es sie nur in kleinen Packungen.

Nur die Kirschbäume in der Ebene von Catania konnte ich nicht persönlich sehen. „Wenn die wilden Kirschen blüh'n in Catania", so sang die Musikgruppe der Flippers ein in den 80-ern bekanntes Lied. Es soll sie aber wirklich geben, diese Kirschbäume, versicherten uns die Einheimischen.

Am schönsten empfand ich die Pflanzenpracht im Frühjahr. Dann ist die Insel „gelb". Die Mimose blüht von Januar bis März, sie wird abgelöst von der wilden Akazie. Auf den Wiesen wachsen der gelbblühende Sauerklee und der Raps. Auch der „Spanische Ginster" ist zu dieser Zeit mit goldgelben Blüten besetzt und könnte mit seinen binsenartigen Zweigen jede noch so kostbare Vase zieren.

Alle diese Pflanzen duften mit den Apfelsinen- und Zitronenblüten um die Wette.

Beim genauen Hinsehen, dann entdeckt man auch die vielen Artischockenfelder, die zweimal im Jahr abgeerntet werden müssen und auf vielfältigste Weise verarbeitet werden, bis hin zu dem bei uns nicht bekannten Artischockenlikör.

Jetzt tauchen auch die ersten dunklen Lavaberge auf. Imponierend ist hier die Farbverbindung lila-schwarz, wilder Baldrian mit lila Dolden wächst aus einzelnen Spalten der Lavaströme hervor, die einst vom Ätna kommend bei Giarre und Acireale hinab zum Meer flossen. Langsam steigt aus dem Morgennebel das Bergmassiv des Ätna. Zu ihm werden wir am Ende unseres Aufenthaltes in Sizilien fahren.

Nach der fruchtbaren Lava-Ebene bewegen wir uns nunmehr ins Landesinnere. Flüsse, die das ganze Jahr über Wasser führen, gibt es nur zwei, den Simeto und den Alkantara, ansonsten sehen wir nur Rinnsale oder völlig ausgetrocknete Bäche. Wenn die Regenzeit im Herbst beginnt, dann füllen sie sich in kürzester Zeit mit Wasser und reißen alles mit sich, was sich in den breiten Flussbetten befindet. Schon bei den kurzen Regenfällen während eines Gewitters begreifen wir die Funktion der großen, breiten Brücken über trockene Schotterflüsse. Seit der arabischen Zeit gibt es als Ersatz für wasserführende Flüsse kilometerlange Wasserleitungen. Heutzutage führen sowohl moderne PVC-Leitungen als auch äquaduktartige Kanäle das Wasser, denn der Gemüseanbau, das Getreide, selbst die Olivenbäume müssen bewässert werden.

Eine geraume Zeit fahren wir durch die ehemalige Kornkammer, die bis an den Horizont reichenden Weizenanbaugebiete. Dunkle, frischgeackerte Erde, vertrocknete Grasbüschel, runde Strohballen lassen uns wissen, dass die Erntezeit im Wesentlichen vorüber ist.

Hügelkette an Hügelkette zieht an uns vorbei, die Höhen zwischen 400 und 700 Meter erreichen, keine Gipfel, sondern abgerundete Berge, über die der Schirokko, der aus dem nahen Afrika kommende Wind, streicht.

Die neue Autobahn (1974 gebaut) trägt verschiedene Namen: „La Panoramica", die Panoramastraße zwischen Ätna und Golf von Catania oder „La Zagara", nach den Blüten der Apfelsinen. Nach der Leichtigkeit der ersten Namensgebungen erschüttert der dritte Name „Richter Falcone", er erinnert sowohl Besucher als auch die Sizilianer selbst an ein besonderes Kapitel der Geschichte, die Mafia.

Die Autobahn führt im gesamten Landesinneren über Viadukte, unsere Sicht ist deshalb nach allen Seiten gut.

Dörfer, wie wir sie von zu Hause kennen, gibt es hier nicht. Hier stehen einzelne Häuser, umgeben von einem Zaun aus Frigiliana, der gerade reife Früchte trägt, die sehr vitaminreich sind und zu Salaten oder Marmelade verarbeitet werden.

Als Gastgeschenk erhielten wir einmal einen ziemlich hochprozentigen Likör („Fichindiello di Sizila") aus ebendiesen Früchten. Der Urlauber sollte die kiwigroßen Früchte auf keinen Fall mit bloßen Händen berühren. Hunderte kleiner Stacheln kommen in Versuchung, sich in unsere Hände zu bohren. Das kann ich aus eigenem Erleben bestätigen. Obwohl ich ebenfalls gewarnt wurde, konnte ich nicht widerstehen und musste die kleinen igeligen Früchte anfassen. Tagelang habe ich mit der Pinzette versucht, die Stacheln zu entfernen.

Die Sonne brennt hier im Inneren der Insel gnadenlos. Dafür scheint der Himmel unendlich zu sein.

Kleine Viehherden sowie Wasserbottiche in allen Größen und Farben vervollständigen das Bild.

Eukalyptusbäume säumen den Straßenrand, ab und an sind ganze Wälder herangewachsen. Um 1870 wurde dieser Baum, aus Australien stammend, hier angesiedelt, um die Bodenerosion zu unterbinden, um morastigen Boden trockenzulegen. Die Bäume verbreiteten sich schneller als gedacht. Ich finde immer, dass die herunterhängenden schmalen Blätter traurig aussehen, zumal sie an so stolzen, hohen Bäumen hängen.

Schnurgerade führt die Autobahn auf ihren Betonpfeilern durch das Land, bis wir endlich wieder in der Ferne das Meer sehen.

„Aus Zitronenplantagen wurden Betonplantagen", hatte ein Reiseführer gesagt, als die Riesenstadt Palermo von weitem zu erkennen war. Seine Stimme war sachlich, wir hören nicht heraus, ob er es bedauerte, dass die Annäherung an Palermo nicht malerischer war. Viele so genannte „ Investruinen" stehen am Wege, aber wir sehen auch das Fiat-Werk, das neben den Erdölraffinerien von Augusta und den letzten Schwefelgruben vielen Sizilianern Arbeit gibt.

PALERMO . Wir sind am Ziel. Eine Dunstglocke hängt über der Stadt. Versteckte Schönheit hinter einem Schleier?

Gleich am eigentlichen Stadteingang hatte jemand das Stadt-Schild verändert, indem er mit schwarzer Farbe dem Namen der Stadt „Magico" hinzugefügt hatte. Für uns Tagesurlauber bleibt die Stadt wirklich magisch, aber nicht in jedem Falle anziehend.

Zunächst geraten wir in einen „Hexenkessel" des Straßenverkehrs. Die Vespafahrer überholen uns gleichzeitig rechts und links, auch hier sind Verkehrsschilder nur Hinweise. Die Fußgänger werden gezwungen, auf der Straße zu gehen, weil die Fußwege durch Verkaufsstände oder Autos verstellt sind. Die Stadtbusse drängen auf Vorfahrt.

Uns kommt ein Vespa-Fahrer entgegen, dessen Beifahrer verkehrt herum sitzt und einen Karren der Straßenreinigung hinter sich herzieht. An den Ampeln fährt sowieso jeder wann und wie er möchte. Auto an Auto drängen sich die Fahrer auf der eigentlich breiten Straße Richtung Zentrum. Viele der Wagen haben Beulen in der Karosserie, kaputte Rückspiegel oder gar keine.

Beim Vorbeifahren sehen wir, dass frischer Fisch angeboten wird, er liegt blank auf einem Tisch, ein Häufchen Fisch. Nur ein einfacher Sonnenschirm schützt ihn vor Sonne und dem Schmutz der Stadt.

Die Gäste hören nicht mehr auf die erklärenden Worte, sie sind abgelenkt durch die Hektik, die außerhalb des Busses zu spüren ist. Auch mir ist von der Stadt beim ersten Durchfahren wenig in Erinnerung geblieben, die Menschen waren es, denen ich hinterherschaute, die Atmosphäre als Ganzes.

Obwohl ich nun mehrfach zusammen mit meinen Gästen den Normannenpalast und die Kathedrale besichtigt habe, sind sie mir nur als Einzelbauten in Erinnerung. Die Stadt bleibt für mich chaotisch, schmutzig und dennoch faszinierend, also ziemlich widersprüchlich.

Die Führung beginnt meist mit einem Besuch der Cappella Palatina im Normannenpalast. Im 12. Jh. ließ sie König Roger II. erbauen. Über einen eher sachlichen Innenhof des Palastes gelangen wir zur Kapelle. Die Pracht ist unbeschreiblich. Wir laufen über prächtige Mosaiken, an den Wänden befinden sich Glasmosaikbilder in den verschiedensten Farben: rot, weiß, grün und vor allem Gold, Gold und nochmals Gold. Im Mittelpunkt wurde der Heilige Petrus dargestellt, ebenfalls eine Mosaikarbeit auf Goldgrund.

Neben christlichen Elementen haben mir besonders die moslemischen Elemente gefallen, Darstellungen von Dattelpalmen, Blättern, Ornamenten. Die Zedernholzdecke, deren Bäume aus dem Libanon stammen, und der achtarmige Leuchter am Eingang der Kapelle runden den feierlichen Eindruck ab. Wieder einmal ist es bedauerlich, dass das Aufsichtspersonal jeden, der stehenbleiben möchte, zum Weitergehen auffordert.

Vor dem Normannenpalast, in einer kleinen Parkanlage, stehen Bäume, die von den Gästen unbedingt fotografiert werden müssen. Da sind zum einen die Judasbäume, die in den Sommermonaten lila-rosa blühen und jetzt braune Schoten tragen, die Yukka, die im Jahr sogar zweimal blau blühen, im Frühling und im Herbst, die Paternosterbäume, an deren Dolden auch hier braune, kleine Kügelchen hängen, die die Nonnen in alter Zeit zum Anfertigen der Rosenkränze benutzten.

Mich beeindruckt aber besonders der mächtige, blühende Capokbaum, der später grüne Früchte von der Größe einer Kiwi tragen wird. Die Farbe ist allerdings grasgrün, das Innere der Frucht sieht aus wie eine weiße Faser, man verwendete sie früher zum Füllen der Matratzen. Die Blüten gehören jedoch zu den schönsten, die ich je sah, vergleichbar mit einer großen weißen Lilie, die zart lilafarbene Ränder hat.

Auf der Insel gedeihen 3.000 verschiedene Pflanzen, die zum großen Teil von den Arabern kultiviert worden waren. Manche von ihnen sehe ich zum ersten Mal, dazu gehörten auch die Nespolebäume, deren Blätter im Vergleich zu den zarten weißen Blüten immens groß aussahen.

Während meine Gruppe mit dem örtlichen Reiseleiter durch die Parkanlagen zur Kathedrale läuft, fahre ich mit unserem Bus zum Parkplatz an der Kathedrale. Ehrfurchtsvoll betrete ich noch vor meinen Gästen die Kirche, mit Bedacht klammere ich den Innenraum, das mächtige Längsschiff, aus.

Hinter Paravents verborgen stehen die vier Särge sizilianischer Regenten, u.a. der dunkelrote Sarkophag Friedrich II. aus poliertem Porphyr. Gleich mehrere Schulklassen stehen davor, die Jugendlichen schauen teilweise sichtlich uninteressiert, während ich so gern mit meinem „Federico" allein gewesen wäre. Die Zeit bis zum Ende des Vortrages scheint unendlich.

Dann, endlich stehe ich ihm gegenüber. Ein großer Blumenstrauß gelber Astern und einzelne rote Nelken schmücken den Stein. Über dem Sarg, auf sechs Säulen mit Akanthus-Kapitellen ruhend, befindet sich scheinbar einhüllend ein Baldachin aus gleichem Gestein.

Nur 56 Jahre waren Friedrich II. vergönnt, in denen er als „erster moderner Herrscher auf dem Thron" Sizilien veränderte. Diesmal erfuhr ich mehr von der sizilianischen Dichterschule, die er in Palermo gründete. Überlang ist die Liste seiner Veränderungen: Aufbau einer sizilianischen Flotte, Gerichtsbarkeit durch die Krone, erste staatliche Gesetzgebung, Gründung der ersten Universität in Neapel, Europas berühmtestes medizinisches Zentrum in Salerno geschaffen... Besonders beeindruckte mich jedoch die Gleichachtung aller Religionen und die Toleranz im Umgang mit ihnen. Mit seinem Tod, so betonen die Sizilianer, ging auch die goldene Zeit von Sizilien zu Ende.

Nachdenklich verlasse ich die Kathedrale.

Hinter dem restaurierten, monumentalen Theater, dem Teatro Massimo, befindet sich, nur 300 Meter entfernt, der Fischmarkt. Wer dort entlanggeht und nicht nur auf die Auslagen schaut, sondern auch auf die Gebäude, die diesen traditionellen Markt umgeben, der sieht, dass das Verfallsdatum des Stadtbezirkes längst überschritten ist.

Als städtebaulicher Höhepunkt wird auf die „Quattro Canti" verwiesen. Für mich ist es ein Muss, zu dieser Straßenkreuzung zu laufen. Obwohl ich von den Statuen in den Ecknischen angetan bin, ist die Enttäuschung groß. Ich sah nur vier schwärzliche, ungepflegte Häuserecken, die seit dem 17. Jahrhundert ihren Charme völlig eingebüßt haben, kaum dass man sie im großstädtischen Verkehr überhaupt betrachten kann. „Sommertheater", so nannten die Einwohner ehrfurchtsvoll diese Kreuzung, weil die Gestaltung der vier Ecken an eine Theaterdekoration erinnerte.

Als ich das letzte Mal durch die Stadt fuhr, waren die Häuser eingerüstet. Vielleicht wird die Theaterszenerie bald wieder eröffnet. Ich werde schauen.

Auf dem Weg nach MONREALE, einem Bergstädtchen mit Normannen-Dom und „schönstem Kreuzgang" Siziliens, werden die Widersprüche noch deutlicher. Ein Pflanzenmeer in Kübeln auf Balkons und in Gärten überdeckt die Baufälligkeit der kleinen Häuser am Straßenrand, die durch Bomben beschädigten großen Wohnhäuser im Hafenviertel und die Schäbigkeit der Hochhäuser, die aneinanderzukleben scheinen.

Großzügig angelegte Parkanlagen und südliche Pflanzen lenken das Auge des Betrachters auf die Prachtbauten der Sommerresidenz der Normannenkönige. Mit dem Bus kommt man schlecht vorwärts, die Straßen werden immer schmaler, die acht Kilometer scheinbar unendlich. Schließlich sind wir auf dem Königsberg. Das Städtchen selbst habe ich nie kennengelernt, weil alle Zeit für die Besichtigung des im 12. Jahrhundert gebauten Palastes genutzt wird.

Für Palast und Kreuzgang gibt es nur ein zutreffendes Wort: überwältigend.

So lange es irgend möglich war, hielt ich mich im Kreuzgang des Klosters auf. Wunderschöne Säulen zieren den Innenhof. Jede ist anders gestaltet. Eine schlichte Marmorsäule mit Akanthuskapitell steht neben solchen mit Mosaikeinlagen, schmalen geometrischen Motiven mit vielen goldfarbenen Steinchen. Daneben befinden sich wieder Doppelsäulen mit hellen, braungetönten Mosaiken, eine Art Zickzackmuster bildend. Jedes Säulenpaar unterscheidet sich von den anderen und trägt auf seinem Haupt auch anders gestaltete Kapitelle und darüber reich gestaltete Bögen, die sich alle zu einem schattigen Viereck vereinen, in dessen Mitte sich ein grüner Garten befindet, Rasen, umgeben von grünen südländischen Pflanzengruppen und Palmen.

Nach dem Besuch Monreales fällt es mir nicht leicht, wieder zur Gegenwart zurückzufinden. Augenscheinlich geht es den Gästen ebenso. Es ist still im Bus geworden, manche blättern im Reiseführer, andere sehen aus dem Fenster oder haben nach diesem anstrengenden Tag die Augen geschlossen.

Nur unser Fahrer hat „Schwerstarbeit" zu leisten, bewahrt im sizilianischen Verkehrschaos die Übersicht und wird uns sicher ins Hotel bringen.

Die Reisebusfahrer...Nachdenkend lehne ich mich auf meinem Sitz zurück.

Durchschnittlich begleite ich 25 Reisegruppen im Jahr. Wenn ich die Ablösefahrer dazu rechne, dann steuerten circa 30 Fahrer die Busse, in denen ich saß. Manchen begegnete ich im Jahr mehrmals, mit anderen fuhr ich in all den Jahren nur ein- oder zweimal. Das waren Männer unterschiedlichen Alters, blonde dauerwellgelockte und solche mit grauem Haar, Bartträger oder auch nicht, gertenschlanke Fahrer und Chauffeure, die mit ihrer Körperfülle den Raum hinter dem Lenkrad zu sprengen drohten, fast immer gepflegte Schlipsträger, z.T. mit dem Firmenlogo, oder auch bedacht, täglich einen anderen Binder zu tragen, Sandalenfüßer oder auch Cowboystiefel-Liebhaber. Die äußeren Merkmale waren bei näherer Betrachtung groß. Entscheidende Unterschiede wurden jedoch aus meiner Sicht in ihren Verhaltens- und Charaktereigenschaften deutlich. Dem Gast ist es gleichgültig, ob der Fahrer eine Krawatte mit Mickymaus trägt, wichtig ist für ihn der Umgang mit dem Fahrgast.

Mit der Zeit kristallisierten sich für mich einige Typen heraus, die natürlich so klar nicht immer spürbar waren. Zuerst einmal die Gruppe der Erfahrenen, der „Könner". Die zweite Gruppe sind die nach Außen wirken Wollenden, die „Interessanten", die brillierenden Charmeure. Klein ist die Gruppe der Wichtigtuer und Angeber, und dann gibt es die Abteilung der wirklich Unangenehmen und Besserwisser.

Zur Ehre des Berufsstandes der Chauffeure soll gleich zu Beginn gesagt werden, dass die meisten von ihnen zur ersten Gruppe gehören bzw. nach jahrelangen praktischen Erfahrungen dazugehören werden. Sie sind die Zuverlässigen, über die wenig geredet wird, weil sie ihre Arbeit korrekt tun. Nein, langweilig sind sie keineswegs.

Ihr Arbeitstag beginnt nicht erst mit dem freundlichen Gruß für die Gäste pünktlich zur verabredeten Zeit. Diese vertrauen sich ihm regelrecht an, deshalb obliegt ihm die schwierige Aufgabe, trotz aller Besichtigungen, Pausen und besonderer Vorkommnisse immer pünktlich am Zielort anzukommen. Die wenigsten Urlauber haben eine Vorstellung, wie intensiv sich der Fahrer auf den Streckenverlauf, besonders in Städten, vorbereitet.

Zu einem Zeitpunkt, als es noch keine Navigationsgeräte gab, war diese Aufgabe umfassender.

„Ich habe meinem Bus die Karte gezeigt. Er kennt den Weg." Das sind Worte eines souveränen Fahrers, der auf scherzhafte Art zum Ausdruck bringen wollte, dass er sich die zu fahrende Strecke genau angesehen hat.

Sein Arbeitstag endet, nachdem die Gäste den Bus verlassen haben, mit Schreibarbeit und der Säuberung des Busses, denn am folgenden Tag sollen sich die Gäste ebenso wohl fühlen.

Neben dem Auftreten des Busfahrers ist das „Klima", die Harmonie, das Arbeitsverhältnis zwischen ihm und der jeweiligen Reiseleitung entscheidend für den angenehmen Verlauf.

Sein Name ist dabei gar nicht entscheidend. Ob er Sven, Kurt oder Georg heißt, tut nichts zur Sache. Er ist der FAHRER.

Ich wurde durch eine Annonce in der Tageszeitung veranlasst, mich für die neue Tätigkeit als Reiseleiterin zu bewerben. Vorlesungen an mehreren Wochenenden und eine Probefahrt machten meine Entscheidung endgültig. Alle anderen Schulungen, Kurse und Prüfungen kamen später. Ich war ein sogenannter „Quereinsteiger".

Damals, unmittelbar nach den politischen Veränderungen im Osten Deutschlands, wurde jedes Reiseangebot von den Gästen kritiklos angenommen. Nur reisen, reisen. Die Busse waren bis zum letzten Platz ausgebucht.

Nicht immer verfährt ein routinierter Fahrer ganz selbstlos, wenn er weiß, dass seine Reiseleiterin die jeweilige Sehenswürdigkeit nur aus den Büchern kennt.

Fahrer A. ließ mich sein Insiderwissen anders spüren. In meinen Unterlagen des Reiseveranstalters befand sich bei einer Fahrt in die Schweiz der Hinweis, in der Viamalaschlucht zu halten. Auch dort war ich noch nie gewesen. Wie ich trotzdem bemerkte, fuhr A. an einer Rheinschlucht vorbei. Ich glaubte sogar an der abzweigenden Straße das Hinweisschild auf die Schlucht ge-

sehen zu haben. Er aber fuhr ohne Zögern ca. drei Kilometer weiter und hielt auf einem ebenen Sandplatz, der als Parkplatz genutzt wurde.

Vom Fahrer kam kein Hinweis, er schaute scheinbar konzentriert geradeaus und wartete sichtlich auf meine Reaktion. Glücklicherweise betreibe ich die Vorbereitungen auf eine Reise ziemlich intensiv, so konnte ich mich beim Anblick des kleinen Ortes und der Karte schnell orientieren, wir standen vor der Dorfkirche von Zillis, die für ihre wunderschön restaurierte Kassettendecke bekannt ist.

Ich fand es schlichtweg hinterhältig, mich und die Gäste ohne Kommentar dort abzusetzen und nun darauf zu warten, was passiert.

Diese „Probe" habe ich letztendlich bestanden, weil ich den Gästen auch erzählen konnte, dass man einen Spiegel benutzen müsse, um sich nicht den Hals bei der Betrachtung der Kassetten zu verdrehen. Keiner der Insassen merkte, dass meine Besichtigungsanleitung reine Theorie war, die ich irgendwo gelesen hatte. Über den Fahrer ärgerte ich mich sehr, denn ich ahnte, dass es ihm darum ging, seine Dominanz anzumelden.

Angenehmer ist es, wenn alle Entscheidungen gemeinsam abgesprochen werden und wenn einer dem anderen in alltäglichen und vor allem in komplizierten Situationen beisteht.

Das folgende Beispiel dokumentiert eine außergewöhnliche Situation:

„Winterweihnacht…" lautete das Motto der Reise. Mehrfach war ich schon im wunderschön gelegenen Berghotel in der Schweiz und kannte den Ablauf der Reise genau.

Sonnenschein, weiße Gipfel und klare Sicht auf das beeindruckende Bergmassiv begeisterten während der Auffahrt zur Bergspitze. Es war ein besonderer Tag, Heiligabend.

Nach dem Gipfelfrühstück genossen alle den Rundgang in eisiger, aber sonniger Höhe. Die Stimmung war prächtig. Nachdem ein Überraschungs-Picknick vor dem Hotel im Freien mit Glühwein und Jagertee besonders gemundet hatte, waren alle zur geplanten Winterwanderung auf der alten Passstraße bereit, jüngere Paare ebenso wie ein 80-jähriger mit Stock, den ich gern zurückgeschickt hätte.

Während die ersten Gäste ein schnelleres Tempo vorlegten, verblieb ich bei meinem ältesten Gast am Ende der Gruppe.

Der Weg verlief ohne Anstiege, gut beschildert und sogar ein wenig abwärts zwischen hoch aufragenden Felsen. Die Sonne erwärmte uns, aber auch den schmalen Gebirgspfad, der unter der dünnen Schneeschicht vereist war.

Vielleicht waren wir eine Viertelstunde gegangen, als mir Gäste schon wieder entgegenkamen, um mir mitzuteilen, dass ein Herr gestürzt sei und mit Sicherheit den Arm gebrochen habe.

Der erste Anruf auf meinem neuen, zum Fest geschenkt bekommenen Handy war nun ein Notruf. Der Hotel-Jeep holte sofort den Gestürzten und brachte ihn ins nächstgelegene Hospital.

Was sollte ich tun? Der größte Teil der Wanderer schien den Vorfall nicht bemerkt zu haben; sie waren weitergegangen. Am Ende des Passweges stand der Bus, mit dem die Gäste wieder hinauf ins Hotel fahren sollten. Zurückholen konnte ich die „Wandernden" nicht mehr. Ich entschied mich, den Opa in der Obhut anderer Gäste zu lassen, mit dem Jeep mit ins Hotel zu fahren, von dort zum Bus und dann meinen Wanderern entgegenzugehen.

Nachdem ich den Fahrer informiert hatte, stieg ich nun von der Fahrstraße hinauf. Ich war ziemlich aufgeregt, aber dann sah ich schon die ersten Gäste kommen. Jeder, so erzählten sie, war irgendwann einmal gerutscht, aber alle hatten gute Laune. Nur eine Frau meinte, sie sei auf das Handgelenk gefallen und das schmerze nun.

Alle waren da, nur der Opa fehlte. Ich lief und lief, endlich entdeckte ich ihn und die ihn begleitende Dame. Opa ging vorsichtig, der Weg zum Bus war noch weit. Da kam uns der Zufall zu Hilfe. Ein verspäteter Weihnachtsbaum wurde von jungen Männern in einem PKW transportiert. Opa wurde mitgenommen, neben dem Baum ins Auto geschoben und stieg unter großem Jubel der anderen am Bus angekommen aus.

Nach der Winterwanderung konnte nun das Fest beginnen. Aber da war noch die Frau mit den Schmerzen. Am Heiligabend gibt es in den Bergen nicht so schnell ein Taxi.

Meinen Busfahrer brauchte ich nicht zu bitten. „Weihnachtsausflug" ins Spital war angesagt. Dort saßen wir dann, warteten Stunde um Stunde. Die Zeit schien stillzustehen, kein Festessen, kein Weihnachtsabend, aber auch kein nörgelnder oder schlecht gelaunter Fahrer, den ich um seine freie Zeit brachte.

Spät am Abend waren dann die Patienten ärztlich versorgt. Beide Ehepaare konnten wir mit zurück ins Hotel nehmen. Ein Weihnachtsabend und ein Busfahrer, an die ich mich immer erinnern werde.

Eigenheiten des Fahrers werden, wenn sie den Bus oder das zwischenmenschliche Verhalten betreffen, schnell sichtbar oder sind schon bekannt, bevor die gemeinsame Arbeit beginnt.

Besonders in Erinnerung geblieben sind mir diesbezüglich Fahrten mit J. Man stelle sich einen breitschultrigen Mittvierziger vor, der seine Verbundenheit mit dem zu fahrenden Bus demonstriert, indem er künstliche Blumenarrangements in den Farben seines Busses und demzufolge seiner Firma anfertigen ließ, um damit das Armaturenbrett zu schmücken.

Der Bus war selbstverständlich blitzsauber, in Körben standen Porzellanteller und Porzellantassen bereit, in Dosen Brot, Tee, Besteck und anderes.

In seinem Bus wurde die Bockwurst nicht auf dem Pappteller gereicht, sondern auf weißem Gebrauchsporzellan, und den Kaffee gab es nach konkreter Bestellung nur in den Pausen draußen vor dem Bus.

Natürlich waren es Tassen mit dem Firmenlogo, die der Gast käuflich erwerben konnte, für deren Abwasch er aber in jedem Falle selbst verantwortlich.

Mit vielen kleinen Leckerlis erfreute er die Gäste. Mal waren es Gürkchen, dann zur Abwechslung Schwarzbrot, dann wieder folgte ein Körbchen mit Bonbons oder Keksen.

Auf „seinem" Bus war J. absolut dominant. Morgens begrüßte er, nicht wie üblich der Reiseleiter, die Gäste. Er bestimmte sozusagen ganz allein, „wo es lang ging". Ich fügte mich bereitwillig, um die Zusammenarbeit nicht zu gefährden.

In den Pausen half J. immer beim Service, oder besser, ich durfte ihm helfen, denn auch hier bestimmte er. Das änderte aber nichts daran, dass die Pausen für alle Beteiligten ziemlich hektisch waren.

Bei den ersten Fahrten mit ihm erfolgte in den Pausen noch der Abwasch des Geschirrs in Plastikschüsseln. Unter den kritischen Augen der Mitreisenden wurden Kaffeetassen, mit Senf verzierte Teller und andere Kleinteile gesäubert. Meine Meinung dazu kannte er: Obwohl ich weiß, wie viel Müll von einem voll besetzten Bus produziert wird, esse ich doch lieber von einem Pappteller meine Wurst als von Geschirr, das auf so primitive Weise gesäubert werden musste.

Wahrscheinlich stand ich mit meiner Meinung nicht allein, denn als ich Monate später wieder mit J. fuhr, gab es nur noch die Tassen und keinen Tellerabwasch mehr. Jeder Reisende hatte jedoch weiter seine Tasse selbst zu spülen.

Ein anderes Beispiel:

Im Winter waren wir an der Nordsee, die Gäste waren in Cuxhaven bummeln. G., der Fahrer, und ich entfernten den Müll, bereiteten Kaffee und Tee, damit sich die Gäste bei ihrer Rückkehr wohlfühlen sollten.

Als die Gäste Platz nahmen, hörte ich eine entsetzt und zugleich empörte Stimme: „Mein Kuchen! Mein Kuchen ist weg! Er lag auf meinem Tischchen!"

Alle lachten, weil diese Dame aus schier unerschöpflichen Taschen immer wieder Essbares zauberte. Was war passiert? Bei der Entsorgung des Mülls hatte der Fahrer versehentlich auch das letzte Stück Kuchen der Dame, das in zerknautschtem Papier eingewickelt war, entfernt.

Noch lauter war das Lachen, als der Fahrer vor dem nächsten Bäckerladen anhielt, hineinging und sich mit einem großen Kuchenpaket zu seiner „Verfehlung" bekannte. Eine solche Entschuldigung wurde herzlich gern angenommen.

Anders war es bei einer Winterfahrt im Harz:

Der Fahrer musste plötzlich bremsen, rutschte, bremste wieder. Ich war beim Vorbereiten der Bockwurst und hatte leichtsinnigerweise den geöffneten Senfeimer über mir im Einstieg der Küche stehen.

Während des Bremsvorganges versuchte ich, gleichzeitig Brot, Servietten, Pappen und auch mich festzuhalten. Meine Hände und Ellbogen reichten diesmal nicht.

Klatsch! Der Inhalt des Eimers ergoss sich über mich, spritzte seinen gelblichbraunen Inhalt bis hin zur Toilettentür hinter mir. Keinen Ton habe ich von mir gegeben, denn schließlich musste sich H. auf die Straße konzentrieren.

Glücklicherweise waren wir kurz vor unserem Pausenziel. Die Würstchen waren schnell verteilt, die Reisenden wollten die Stadt entdecken. Umziehen und ein bisschen mit der Serviette durchs Haar fahren, das musste als Erstreinigung für mich genügen.

Aber wie sah die Toilettentür aus? Der Stoffbezug hatte Spritzer von oben bis unten und mir war zum Heulen zumute. Ich fürchtete Vorhaltungen wegen der Verunreinigung des Busses. Der Fahrer holte aber ohne Kommentar den Wassereimer aus der Luke und ging zum Bahnhof. Wegen der großen Kälte hatten wir alle Leitungen innerhalb des Busses abstellen müssen. Mit warmem Wasser kam er zurück und half mir, die Verkleidung zu schrubben. Niemand hat etwas erfahren müssen, so sauber haben wir gearbeitet.

Es folgt ein weiteres Beispiel:

Mit dem Aushändigen der Reiseunterlagen durch den Veranstalter erfährt der Reiseleiter in der Regel auch den Namen des Fahrers. So war es auch an jenem Morgen.

Ein ca. 30-Jähriger stellte sich vor, der, wie er mir sagte, die Auszeichnung erhalten habe, die anspruchsvolle Tour nach Norwegen zu fahren. Er teilte mir mit, dass sein Vorgesetzter ihm gesagt habe, dass er nur zu fahren habe. Alles andere sei Sache des Reiseleiters. Nach dieser Erklärung waren die ersten Spannungen programmiert.

Zum ersten Mal musste ich mit einem Busfahrer arbeiten, mit dem ich überhaupt nicht klar kam. Auch wenn ich akzeptieren musste, dass sich Th. sehr intensiv um notwendige Reparaturen am Bus kümmerte, blieb jegliche Zusammenarbeit aus. Streckenführung, Pausen, anzufahrende Hotels, ...das war alles meine Sache. Ja, er hatte nicht einmal eine Karte des Reiselandes dabei, ein Navi gab es noch nicht.

Sein Interesse galt hauptsächlich einem größtmöglichen Umsatz beim Bordservice. Es wäre erniedrigend, ins Detail zu gehen. Aber ein Beispiel werde ich anführen, weil es für den Reiseverlauf wichtig war. Gegen Mitte der Reise war ersichtlich, dass das in der Heimat gekaufte Brot nicht reichen würde. Der Fahrer entschied, weil im Reiseland das Brot ziemlich teuer war, die Brotscheiben zu teilen. Die Gäste sollten also künftig nur eine halbe Scheibe erhalten.

Damit war ich nicht einverstanden und gab jedem Gast zwei halbe Scheiben. Wütend, mit rotem Kopf und mit dem Fuß aufstampfend, erklärte er mir, wie unmöglich ich sei.

An der nächsten Raststätte habe ich frisches Brot für die Weiterfahrt besorgt. Ab diesem Augenblick war ich nur noch bemüht, die eskalierenden Spannungen vor den Gästen nicht sichtbar werden zu lassen. „Auch eine längere Reise geht einmal zu Ende", dachte ich.

Ein letztes, mir unangenehmes Beispiel, möchte ich noch erwähnen.

Viele Reisebusfahrer kennt man mittlerweile aus langjähriger Zusammenarbeit. Ab und zu wird jedoch ein mir unbekanntes Busunternehmen angemietet. So stand ich G. erstmals am Morgen eines Abfahrtstages gegenüber. Mitte 50, nicht sehr groß, langes, nicht gepflegtes Haar, rosenholzfarbene Hosen mit teilweise fehlender Bügelfalte und weiße Frotteesocken zu braunen Sandalen. Das erhaschte ich mit einem Blick. Nach kurzer Zeit wurde ersichtlich, dass ich die folgenden Wochen mit einem Zigarettenvernichter unterwegs sein würde.

Er erzählte mir, dass er den Fahrauftrag erst am Vortag erhalten habe, so dass es schwierig gewesen sei, das notwendige Catering einzukaufen. Wir hatten also nur das Allernotwendigste, und ich richtete mich darauf ein, bei Busfahrern, die bereits auf der Rückreise waren, Zukäufe zu erbitten.

Auch dass er keine Karte unserer Reiseländer besaß, betrachtete ich zunächst nicht sonderlich kritisch. Schließlich musste er ja kurzfristig einspringen. Bald jedoch begann ich auf Distanz zu gehen. Er verließ sich ganz und gar auf meine Ortskenntnisse.

Das Reisewetter war phantastisch, die Landschaft so, wie in den Katalogen dargestellt. Alles ging glatt. Die Stimmung im voll besetzten Bus war jeden Tag erneut erwartungsvoll, die Gäste begeisterungsfähig.

Die Arbeit machte Freude, so dass die sich täglich mehrenden Sticheleien zwischen uns für die Reisenden wenig spürbar waren. Je weiter wir uns von Deutschland entfernten, desto überheblicher wurde G..

Ich erinnere mich an eine kleine Episode, die unser Arbeitsklima deutlich machte:

Während einer Sightseeing-Pause stand unser Bus in der Nähe eines Wasserfalles, an dem ich halten ließ, weil ich ihn als einen der fotogensten betrachte. Während G. eine Zigarette um die andere rauchte und in aller Ruhe, auf einem Stein sitzend, die Pause genoss, wusste ich nicht, was ich zuerst tun sollte: Müll wegräumen, den Kühlschrank mit Getränken auffüllen, den Gästen Kaffee, Tee oder Cappuccino servieren?

Mit keinem Handgriff erhielt ich Unterstützung. „Meine Aufgabe ist das Fahren. Service und Reden sind deine." Und genauso verhielt er sich. Er fuhr. Soweit ich es einschätzen kann, fuhr er auch ordentlich, mehr aber auch nicht. Alles, was er sagte, war entweder protzig oder direkt dumm.

Ein Glück, dass G. schon lange nicht mehr zum Fahrer-kreis der Firma gehört.

Es gab auch Probleme ganz anderer Art. In Busfahrer-kreisen geistert sie in vielen „Erlebnisberichten", die Waage.

Ob in Italien, der Schweiz und besonders in Skandina-vien, die Reisebusse werden zusammen mit Insassen, Catering und Gepäck gewogen. Ist die festgelegte Ton-nenzahl überschritten, dann greifen die jeweiligen Kontrolleure zu mehr oder weniger drastischen Maß-nahmen.

Hier beginnen sich nun in den Berichten der Betroffe-nen Dichtung und Wahrheit miteinander zu verflech-ten, schien mir. Ein Fahrer erzählte von hoher Geld-strafe und von Gästen, die aussteigen mussten, aber dann mit dem folgenden Bus einige Kilometer mitge-nommen wurden, um dann wieder in den eigentlichen Bus einzusteigen. Ein anderer sollte für mitgeführtes Bier einen Schuppen mieten, um es auf der Rückfahrt wieder mitzunehmen. Undenkbar, hatte er doch das Bier für die Fahrt nach Skandinavien extra eingekauft. Nach stundenlangen Diskussionen soll er sogar bereit gewesen sein, das Bier im Graben zu entsorgen. Dann hat sich wohl die Situation entspannt, und er durfte weiterfahren, mit dem Bier.

Und nun erwischte es uns.

Zuerst wollte ich es nicht glauben, als der Fahrer an-deutete, dass im Gudbrandsdal, gleich hinter Lilleham-

mer, zwei Waagen aktiv seien. Wahrhaftig, dort standen die Kontrolleure und winkten uns auf den Waageplatz. A. versuchte noch vorbeizufahren. Heftiges Gestikulieren der Männer draußen zwang ihn, in die Waagestation einzubiegen.

Wir beide wussten es, unser Starliner war hoffnungslos überladen. Ein vollbesetzter Bus, Skandinavien-Gepäck für 14 Tage und die für diesen Zeitraum notwendige Verpflegung waren an Bord. Hinzu kam, dass unser Fahrzeug schon leer das maximale Gewicht auf die Waage brachte.

Nach kurzer Zeit war nur eines klar: wir würden eine harte Geldstrafe erhalten, und es gibt keine „normale" Weiterfahrt. Über eine Tonne musste entladen und auf anderem Weg in das ca. 350 Kilometer entfernte Hotel gebracht werden.
Woher einen Anhänger oder ein Transportfahrzeug nehmen?
Für das norwegische Fernsehteam, das gerade an diesem Tag für den örtlichen Sender drehte, waren unser neuer 5-Sterne-Bus und die Mienen der Gäste, die stundenlang auf dem Waageplatz in heißer Sonne stehen mussten, beste Motive.

Davon konnten wir uns später selbst im Fernsehen überzeugen.

Nach langer Wartezeit war ein Kleintransporter gefunden. Indessen war die Arbeitszeit der Kontrolleure bereits um Stunden überschritten, aber sie blieben bis zur Ankunft des kleinen Transporters.

Sowohl das Fahrzeug einer nicht mehr existierenden Bäckerei als auch die beiden Fahrer strahlten nicht gerade Seriosität aus. Aber was blieb uns anderes übrig, als alle Gepäckstücke und einen Teil der Bordverpflegung umzuladen. Noch einmal zählten wir die Einzelteile, ließen uns eine Quittung geben, und nun erfuhren wir den geforderten Transportpreis, der astronomisch hoch war. Dem Fahrer und mir war klar, dass unsere Notsituation für eine Schwarzfahrt ausgenutzt wurde.

Verhandlungsgeschick und Verweigerungstaktik des Fahrers konnten den Preis um ein Drittel senken. Nach etwa drei Stunden konnten wir weiterfahren.

Gerade war es mir gelungen, mich auf die Kommentierung der Reiseroute zu konzentrieren, als wir erneut von der Polizei angehalten wurden. Unser Fahrer hatte in der Aufregung seine eigenen Fahrpapiere an der Waage vergessen, die Polizei brachte sie ihm.

Erneut starteten wir, um nach ca. 30 Kilometern wieder heraus gewunken zu werden.

Diesmal fuhren wir an der Waagestelle nur eine „Ehrenrunde", denn als der Verantwortliche unseren Bus registriert hatte, ließ er die bereits Bestraften weiterfahren.

Jetzt endlich konnten wir die Schönheit der norwegischen Landschaft betrachten, obwohl bei so manchem Gast die Unruhe blieb, ob er seine Koffer pünktlich und unversehrt im Hotel vorfinden würde.

Uns beide beschäftigte noch lange die Frage, was gewesen wäre, wenn die Offiziellen auf exakt einer Tonne Gewicht bestanden hätten. Unser Gepäck wog ca. 600 Kilo, die Wasservorräte hatten wir bereits abgelassen, der Bus war noch immer zu schwer. Das wussten auch die Veranstalter, die u.a. daraus die Konsequenz zogen, eine allgemeine Gewichtsreduzierung des Busses vorzunehmen und Dreiachser auf diese Strecken zu schicken.

Ich habe es hier notiert, weil besonders in Ausnahmefällen die Besonnenheit und Entscheidungsfreude eines Busfahrers deutlich wird.

Gleich zu Beginn meiner Tätigkeit fiel mir auf, dass Reisebusfahrer „ein besonderes Völkchen" sind. Sie sind die einzigen auf den Straßen Europas, die sich unterwegs grüßen, von Bus zu Bus, wenn sie sich vorbeifahrend begegnen.

Die einen heben nur kurz die Hand zum Gruß, andere schlagen sich mit der linken Hand auf die rechte Schulter. Dazwischen gibt es die unterschiedlichsten Varianten. Selbst der Anfänger beherrscht die internationale Begrüßungssprache. Das Zusammengehörigkeitsgefühl scheint also ausgeprägt zu sein.

Tatsächlich ist es im Verlauf einer Saison mitunter notwendig, fremde Hilfe in Anspruch zu nehmen. Meist erhalten wir diese auch problemlos. Beeindruckend fand ich die Hilfe fremder Kollegen, als unser Würstchensieder kaputt war und sie für meine Gruppe die Bockwürste in ihrem Kocher erwärmten.

Nach langem Überlegen fallen mir auch zwei, drei Beispiele ein, wo wir mit unseren Bitten auf Unverständnis trafen, falsche Auskünfte erhielten oder direkt beleidigt wurden.

Kürzlich bekam ich einen Vogel gezeigt, als ich den Fahrer eines leeren Busses in Schweden bat, den Eingang des Hotels frei zu machen, damit wir die Koffer unserer Gäste besser ausladen könnten, damit der Weg zur Rezeption für sie nicht so weit sein sollte. Er aber, sichtlich froh, einen nahen Parkplatz zu haben, dachte gar nicht daran, für andere seinen Vorteil aufzugeben.

Es ist allmählich dunkel geworden. Leise Musik spielt. Es war ein langer Tag. Dennoch schauen wir voller Spannung auf die Konturen des nahen Vulkans, der auch an diesem Tag seine feuerspeiende Aktivität dokumentiert. In unregelmäßigen Abständen steigen Fontänen in den Himmel, erlöschen herabfallend, einem nächtlichen Feuerwerk vergleichbar.

Heute sind wir rund 500 Kilometer gefahren, quer über die Insel. Für alle war es ein anstrengender und langer Tag. Und ein schöner!

6. Reisetag: Tagesausflug nach AGRIGENT und PIAZZA AMERINA

Wir werden heute kürzere Zeit im Bus sitzen, das Wesentliche zu Fuß entdecken. Deshalb hatte ich am Vorabend noch darauf hingewiesen, dass eventuell Schuhe zum Wechseln, Sonnenhüte und Wasserflaschen mitgenommen werden sollten.

Wie am vergangenen Tag fahren wir Richtung Catania. Von dort geht es wieder quer durchs Land, diesmal in südwestlicher Richtung.

Nach etwa zweistündiger Fahrzeit sehe ich das Meer und auf einem Hügel eine Ansammlung moderner Hochhäuser, die Stadt AGRIGENT. Der Blick auf diese neuen Wohnkomplexe entspricht nicht den Vorstellungen, die ich durch die Schilderungen von der „schönst gelegenen Stadt Siziliens" habe. Vom örtlichen Reiseleiter erfahren wir, dass die Stadt wirklich auch in heutiger Zeit einen gewissen Charme hat, dessen Ursprung jedoch in der griechischen Kolonie Agragas zu finden ist.

Unser Ziel, das „TAL DER TEMPEL", entdecken wir bei der Anfahrt vor uns auf einem Felsvorsprung, keinem Tal also.

Die Reste der monumentalen Bauten leuchten, von der Sonne beschienen, von ockergelb bis bronzefarben. Wenige Minuten vorher waren wir am Steinbruch vorbeigefahren, in welchem der Tuffstein für die Tempelbauten gebrochen wurde. Die senkrechten Wände hatten die gleichen Farbtöne.

Der Hera-Tempel in etwa 120 Meter Höhe eröffnet das Konzert der Antike. Olivenbäume, Pinien, Eukalyptus- und Pistazienbäume, Zedern und Ginster umgeben ihn. Von welcher Würde und Pracht wird er erst künden, wenn er am Abend angestrahlt wird, wenn kein anderes Bild ablenkt von diesen Meisterwerken griechischer Baukunst.

Später werden die Reisenden vor dem Hera Tempel auch den wahrscheinlich ältesten Olivenbaum Europas sehen, über 3.000 Jahre alt. Noch heute stehen wir gern in seinem Schatten, wenn im Tempelbezirk die Sonne auf uns niederprallt.

Während die Fotoapparate auf die noch erhaltenen dorischen Säulen des ersten für uns sichtbaren Tempels gerichtet sind, müssen sich die Gäste auf die Ablichtung des am besten erhaltenen Tempels, des Concordia- Tempels, und der mächtigen Säulen des Herkulestempels, die aus einem Agavenmeer herausragen, konzentrieren.

Aus dem Pinientunnel der Straße taucht der Bus ins helle Sonnenlicht und biegt zur Porta Aurea ab, dem ehemaligen Hafentor, von wo aus zu alter Zeit die Einwohner von Akragas auf direktem Wege zum Handelshafen kamen, denn die alte Metropole erwarb ihren Reichtum hauptsächlich durch den Handel.

Zeustempel, Tempel des Vulkanus und Dioskuren-tempel, nunmehr links von uns, werden im zweiten Teil der Besichtigung angeboten.

Der Betrachter braucht Fantasie, und der uns beglei-tende Führer benötigt viele Detailkenntnisse und bildhafte Umschreibungen, um uns deutlich zu ma-chen, dass die wenigen Säulen und die herumliegen-den Bruchstücke zu Säulen gehören, die einst die schönsten der Antike waren.

Nur beim Tempel von Kastor und Pollux konnte ich sehen, dass der behauene Stein in alter Zeit mit wei-ßem Stuck überzogen wurde, der aus Marmorstaub hergestellt, den Säulen das Aussehen von Marmor-stein gab. Nein, hier gab es keine marmornen Säulen wie in Griechenland. Diese hier waren aus Baumater-ial gefertigt, das aus den Steinbrüchen des Atenea-felsens kam, den wir bereits gesehen hatten. Zum Schutz gegen Erosion und natürlich aus optischen Gründen erhielten sie das strahlende Weiß

Andächtig stand ich vor den Resten der Bauwerke, die erst am Ende des 18. Jh. so aufgerichtet wurden und versuchte, ein Fotomotiv zu wiederholen, das ich schon mehrfach auf Karten gesehen hatte: Im Vor-dergrund befinden sich die drei Säulen mit dem Ge-bälk, umgeben von Olivenbäumen, und dahinter in Blickrichtung das moderne Agrigent.

Die Fahrstraße zum Tal der Tempel führt quer durch die Archäologische Zone aufwärts, vorbei an der Kir-che San Nicola.

Von der örtlichen Reiseleiterin werden wir auf neue Funde der Archäologen aufmerksam gemacht. Eine ganze griechisch-römische Stadt liegt unter der Erde, einer Plantage aus Mandelbäumen, an der wir vorbeifahren. Ein kleines Areal, ein Stadtviertel, wurde bereits ausgegraben. Damit konnte die hippodamische Städteplanung bewiesen werden, parallele Hauptstraßen, gekreuzt von ebenso parallel verlaufenden Nebenstraßen. Unter lilafarbenen Plastikdächern werden Säulen, Mosaiken und andere Ausgrabungen geschützt.

An der jetzigen Stadtgrenze vorbei wenden wir uns nun den Tempeln zu. Der Begriff „Tal der Tempel" ist eigentlich irreführend, weil jeder der Tempel auf einem Hügel steht. Von hier oben betrachtet stehen sie jedoch wirklich im Tal südöstlich von Agrigent.

Der Blick ist einmalig, faszinierend. Über die weite Ebene blickend, sehen wir ein Meer aus Olivenbäumen im gelben Sand. Das Auge verharrt auf den Monumentalbauten der alten Griechen. Wir tauchen ein in die Vergangenheit der Tempelbauer lange bevor die Zeitrechnung, „unsere", begann.

Der Herakles- Tempel, oder besser gesagt, die acht Säulen des Tempels, die wieder aufgerichtet worden sind, werden meist nur im Vorbeigehen erwähnt.

Während die Gäste dem örtlichen Reiseleiter folgen, nehme mir ein bisschen Zeit und setze mich zu Füßen dieses Heiligtums. Jede Säule besteht aus vier übereinandergestellten Steinrollen. Die Hälfte von ihnen trägt noch Reste von Kapitellen, die aufgrund der Erosion wie flache Hüte aussehen. Da alle Teilstücke kanneliert sind, mussten im Altertum und auch beim Wiederaufrichten die Säulenteile genau auf die Stümpfe passen.Zwischen Agaven, Oleander, Pistazien- und Olivenbäumen schimmern die Säulen in den verschiedensten Ockertönen. Obwohl alles alt und teilweise ziemlich zerfallen ist, geht von den Säulen eine gewisse Erhabenheit aus. Ich bilde mir sogar ein, weit im Hintergrund das afrikanische Meer zu sehen.

Gelblicher Sand knirscht unter meinen Füßen, während ich weiter zu den Resten der christlichen Nekropolen schlendere, die sich sozusagen am Rande des Tuffsteinplateaus befinden. Fast halbkreisförmig sind die Löcher, die ich im gelben Tuffstein sehe. Heute sind von den ehemaligen Grabstätten nur noch diese Öffnungen erhalten, durch die ich in den wolkenlosen blauen Himmel blicken kann.

Bevor ich wieder zur „Hauptstraße" gehe, die durch die Ausgrabung führt, werde ich noch die in Stein geschliffenen Wagenspuren fotografieren. Während des Tempelbaus mussten die schweren Steinquader zu ihrem Zielort transportiert werden. Fast 30 cm tief sind die tausende Jahre alten Schleifspuren, regelrecht in Stein geformte Wagenspuren waren entstanden. An einer „Wegkurve" verewigte ich sie für mein Album. Schließlich hatte ich ähnliche Wagenspuren in Stein schon im Kopfsteinpflaster alter römischer Straßen in Verona und besonders in Pompeji gesehen.

Obwohl es September ist, blühen überall noch Olean-derbüsche. Das Grün des Frühjahres ist jedoch einem gelblichen Ton gewichen; die grünen Flächen sind von der Sonne verbrannt. Zwischen den Steinen des großen Zeus-Tempels wachsen wilder Hafer und As-phodelen, dessen Blüte weiß und mit einem rosa Stern verziert ist. Bis zu einem Meter hoch wächst die Pflanze.

Ich treffe wieder auf die Gruppe, die vor einem der selteneren Johannisbrot-Bäume stand. Die Kerne sind steinhart, alle gleichgroß und deshalb auch zu einer besonderen Maßeinheit geworden. 24 Stück (Kerne) wiegen ein Karat.

Mit den Gästen gemeinsam warte ich dann auf den Bus. In S. Leone, wo der Fluss Akragas in das Meer mündet, parken wir zur Mittagszeit. Salat, Fisch und Spaghetti stehen auf dem Speiseplan eines viel be-suchten Restaurants am Strand. Wer das nicht möchte, geht zum Wasser, schaut dorthin, wo er Af-rika in etwa 150 Kilometer Entfernung vermutet, entspannt sich, badet...

Am Nachmittag werden wir die römische Mosaikvilla besuchen, die VILLA ROMANA CASALE.

Wieder einmal genießen wir den „Buskaffee", der uns munter und aufnahmebereit für den folgenden Pro-grammpunkt machen soll.

Gerade als ich mit dem Service fertig bin, schnell selbst noch einen Kaffee trinken will, um startklar für meine Darlegungen zu sein, werde ich von hinten angestupst und eine Dame fragt freundlich: "Kochen Sie heute noch Kaffee? Ich habe es mir überlegt, ich würde doch noch ein Tässchen trinken." Innerlich seufzend erhebe ich mich wieder, um auch diesen Wunsch zu erfüllen. Schließlich genieße auch ich noch meinen Kaffee, denn die Fahrt dauert länger als eine Stunde.

Die Straßen wurden erst neu gebaut, denn die ersten Ausgrabungserfolge liegen gerade einmal 60 Jahre zurück.

Über 700 Jahre war diese einem reichen Römer gehörende Villa von Schlamm bedeckt, und nur einem Zufall war es zu danken, dass die im 4. Jh. errichtete Villa gefunden wurde.

Auf 3.500 Quadratmetern Mosaikfußboden werden Geschichten erzählt, hauptsächlich die Jagd und die Mythologie betreffend.

Während wir zur Villa fuhren, hatte sich der Himmel verdunkelt. Urplötzlich ergießt sich ein Platzregen auf uns und die Villa. Binnen weniger Minuten flossen kleine Bäche, aus dem Nichts kommend, von den Hügeln auf die Straße, die Treppen zu den Ausgrabungen hinunter. Ehe wir reagieren konnten, standen wir Aussteigenden schon bis zu den Knöcheln im Wasser. Alle drängten zurück in den Bus. Die wolkenbruchartigen Niederschläge dauerten vielleicht 20 Minuten. Ebenso plötzlich schlossen sich die Schleusentore, die Sonne schien. Unserem Gang durch die römische Geschichte stand nichts mehr im Wege.

Sollte es während der 5-jährigen Bauzeit in der Spätphase der Römischen Reiches keinen Regen gegeben haben? Wir jedenfalls hatten eine Vorstellung davon, wie ein „Erdrutsch" funktionieren könnte.

Bei meinem ersten Besuch in der Villa habe ich viel fotografiert. So konnte ich später auch zu Hause die hohen, rosafarben blühenden Malven und die weißen Rosen bewundern, die im Eingangsbereich gepflanzt wurden.

Jeder Raum der Villa hat wunderschöne, farbenreiche Mosaiken. Mich fesselte die Detailgenauigkeit, mit der die Sklaven-Künstler ihre Motive dargestellt haben. Neben Quadern, Rhomben, Dreiecken und Kreisen (also geometrischen Figuren) wurden Tiere und Menschen im Fußboden festgehalten. Ich entdeckte Szenen der „kleinen" und der „großen" Jagd und versuchte herauszubekommen, welche Tiere neben Elefanten, Löwen, Tigern und Gazellen noch gefangen bzw. abtransportiert wurden.

Das Zimmer der berühmten Bikinimädchen ist von vielen Besuchern umringt. Neun Grazien in einer Art farbenfreudigem Bikini sind auf dem Fußboden dargestellt und noch gut zu erkennen. Es sollen die ersten Bikinidamen der Welt sein. Sie und die anderen Mosaiken zu erhalten und auszubessern, ist die Aufgabe heutiger Restauratoren, die wir bei der Arbeit beobachten können.

Besonders interessierten mich die Reste des alten Hypocaustum, der römischen Zentralheizung, von der aus alle Räume der Villa über ein Kanalsystem unter den Fußböden und zwischen „doppelten Wänden" zu erwärmen waren. Erst später, bei einem Aufenthalt in Dion, am Fuße des Olymp, waren die Tragepfeiler des Fußbodens noch immenser in ihrer Wirkung auf mich.

Beeindruckt war ich auch von der Toilettenanlage aus dem 4. Jh. Damals verrichtete man dieses Grundbedürfnis kollektiv und in kulturvoller Umgebung. Mindestens zehn Personen konnten im Halbkreis Platz nehmen. Auf marmornem Stein mit Löchern sitzend, konnten die Benutzer das Tiermosaik zu ihren Füßen betrachten. Die Annahme, dass es zur Unterhaltung Erzähler oder Vorleser gab, ist nicht gesichert.

Mosaikfußböden anzusehen und zu deuten, ist nicht jedermanns Sache. Manche Gäste gehen gar nicht erst in die Ausgrabung, andere kommen schon nach einer halben Stunde zurück und wieder andere erklären, dass die Zeit nicht gereicht habe.

Zurück ins Hotel führt unser Weg durch eine kleine Stadt. PIAZZA AMERINA.

Eng aneinandergereiht scheinen die Häuser an einem Berg zu kleben, eine aus ihnen herausragende Kirche umgebend, die sie mit ihrem kleinen Häuserwall schützen möchten. Oder soll die Macht der Kirche sie schützen? Die Straßen sind so eng, dass der Verkehr über Einbahnstraßen geregelt wird. Dazu kommen die für Italien typischen Balkone, die den Bus- und LKW-Verkehr auch in der Höhe begrenzen. Die Schadstellen an Häuserecken und Balkonen beweisen unwiderlegbar, dass nicht alle Verkehrsteilnehmer der Aufgabe gewachsen sind, ohne Probleme die Stadt zu queren.

Einmal war ich mit einem Fahrer unterwegs, der es sich nicht zutraute, die normale Straßenführung zu nehmen. Für ihn mussten wir die Einbahnstraße sperren, damit er diese sozusagen in umgekehrter Richtung befahren konnte. Die Bewohner waren sprachlos über diesen Vorgang. Und ich habe mich vor unseren Gästen geschämt, denen ich dann noch das „Märchen" auftischte, dass unser Bus den ausgewiesenen Weg nicht nehmen könne.

Mittlerweile kenne ich mich in der Straßenführung ein bisschen aus, und deshalb mache ich den Fahrer diesmal auf eine besondere Kreuzung aufmerksam, die wir in bestimmter Weise queren müssen. Aber der Fahrer glaubte mir nicht oder hatte nicht zugehört. Jedenfalls fuhr er nicht die Straße, auf die ich verwiesen hatte.

Wenige Meter weiter war es passiert. Die Straße wurde eng und enger Der Bus passte gerade noch zwischen den auf beiden Seiten parkenden Autos hindurch. Abbiegen konnten wir auch nicht, weil die Autos bis in den Kreuzungsbereich geparkt waren.

Endlich hatte ein Sizilianer unser Dilemma verstanden. Gestenreich machte er uns klar, dass er uns helfen wolle, ging in eine Kneipe, holte mehrere Besitzer von PKWs heraus, die ihre Autos wegfuhren. Jetzt kam auch noch die Polizei. Sie scheint in diesem Städtchen immer präsent zu sein. Sie bestrafte uns aber nicht, wie wir zuerst annahmen, denn wir waren auch diesmal das letzte Stück in einer Einbahnstraße entgegen der Fahrtrichtung gefahren, sondern stoppte an einer Kreuzung für uns den Verkehr, so dass wir endlich in die richtige Straße abbiegen und das chaotische Piazza Amerina verlassen konnten.

Das Besondere dieser Stadt sind die Menschen. Auf den Straßen, in den Parkanlagen, auf den Bänken sind am Nachmittag nur Männer zu sehen.
Viele Männer.
Wirklich nur Männer.

Egal ob jung oder alt, sie bestimmen das Stadtbild und sind Ausdruck nicht nur sizilianischer Tradition.

Zurück geht es durch das dünn besiedelte Landesinnere. Wir überqueren sanfte Hügel. Die Wiesen sind steinig. In den Ebenen, die etwa 14% der gesamten Fläche ausmachen, wird der berühmte Hartweizen, der Duroweizen, angebaut, den die sizilianischen Bauern für ihre Barillanudeln verwenden.

Der Lehmboden speichert das Wasser, aber das genügt nicht. Pipelines durchziehen zur zusätzlichen Bewässerung das Land. Straßen, die auf riesigen Betonpfeilern stehen, „gestelzte Straßen", zeigen, wie kostbar das Ackerland ist. Der Boden sollte für die landwirtschaftliche Nutzung erhalten bleiben.

Nach der Ebene von Catania ist es die zweitgrößte kultivierte Fläche der Insel.

Ich schaue hinaus und habe mal wieder „Tagträume".

Heute werde ich zu meinem Stammfriseur gehen.

Meinen ersten Friseurbesuch auf der Insel habe ich noch in Erinnerung. Pina arbeitete mit ihren Töchtern in einem einzigen Raum. Die jüngste der Mädchen war noch ein Kind, etwa 12 Jahre alt. Sie half ihrer Mutter beim Kopfwaschen. Die beiden älteren Töchter färbten Strähnchen und ganze Köpfe und Pina, die Mama, war vor allem für das Schneiden und die Endausstattung verantwortlich.

Ich kam damals kurz nach der Ladenöffnung. Vielleicht schnatterten und gestikulierten schon ein Dutzend Frauen im Salon durcheinander. Ich verstand kein Wort, versuchte mir aber zu merken, wer schon vor mir da war. Wie selbstverständlich wurde ich einbezogen in die Schokoladenriegel- und Espressorunden. Es war in jeder Minute unterhaltsam.

Den Damen wurde das Haar nicht mit einem Handtuch getrocknet, sondern es kam ein Gerät zum Einsatz, das für mich ganz wie ein Staubsauger aussah und auch so funktionierte. Mit dieser Saugbürste wurde später auch mein nasses Haar getrocknet, als ich in genau der richtigen Abfolge der Kundinnen an der Reihe war. Zwanzig Minuten dauerte die Prozedur und dann war mein Haar gewaschen, geschnitten und getrocknet. Und wichtig, das Ergebnis gefiel mir, ebenso der Preis.

Im Jahr darauf stand ich wieder vor dem Frisiersalon. Diesmal wartete niemand neben mir auf Einlass. Der Salon sah auch ganz anders aus: Gegenüber dem Eingang prangte ein Diplom, neues Mobiliar war geschmackvoll im Raum verteilt und neben der Kasse stand ein wunderschöner Rosenstrauß. Geblieben waren Pina, die Staubsaugertrocknung und die Dauer des Frisierens. Der Preis jedoch, den ich diesmal zu zahlen hatte, verdreifachte sich. Also... nie wieder Pina.

Seither besuche ich ein traditionelles Familiengeschäft. Eine ältere Dame (wahrscheinlich die Ehefrau des Meisters) wäscht den Kopf, getrocknet wird mit einem Handtuch. Dann kommt der Chef zum Schneiden und Frisieren. Ein Lehrling (oder seine Tochter) hält ihm die notwendigen Klemmen, Scheren, Kämme und sogar den Föhn, damit er zügig arbeiten kann. Ein weiterer Lehrling (oder der Sohn) steht in Lauerstellung, tut eigentlich nichts als die Tür zu öffnen, nachdem ich bezahlt habe. Übrigens einen Normalpreis.

Morgen werden wir in Syrakus wieder einen örtlichen Führer haben.

Der Reiseleiter heute hatte uns mit kleinen Übersetzungsfehlern unterhalten.

Abgeleitet von dem Wort Chef hatte er mich zur „Schiffin" gemacht. - Als wir einer anderen Reisegruppe Platz machen sollten, forderte er, uns zu „verplatzen".

Entlang der Eukalyptus-Allee klärte er uns auf, dass die „Moskitos nicht gern die Rieche von Eukalyptus" hätten und bei den Olivenbäumen meinte er, dass „die kalte Erpressung" das beste Öl ergebe. Ich mag diese Versprecher einfach, dadurch wird es lustiger, lockerer im Bus.

Bei der Zielreise Sizilien kommt erstmals am 4. Tag ein örtlicher Fremdenführer zu einem Stadtrundgang. Diese „Örtlichen" übernehmen dann eine wichtige Funktion im Ablauf. In der Regel sind es Fachleute mit hohem Wissen, die den Reisenden sachlich informieren und mit Rat und Tat geduldig auch bei Einzelfragen zur Verfügung stehen. Tagtäglich führen sie durch Rom, Florenz, auf der Insel Capri, durch die Ausgrabungen von Pompeji, Syrakus, Agrigent oder Taormina. In der Hochsaison gehen sie oft mehrmals am Tag mit jeweils anderen Gruppen. Dazu benötigt der bei allen Wettern Tätige nicht nur Kondition, sondern auch passendes Schuhwerk. Jeder von ihnen ist nicht nur Vermittler von Fakten, sondern in gewisser Weise auch ein Schauspieler, der mimisch und gestisch seine Darlegungen untermalt, die Gäste also unterhält.

Ich lege großen Wert darauf, dass die Gäste das gute Einvernehmen zwischen begleitendem Reiseleiter und Fremdenführer erleben. Wenn ich genau weiß, wer uns am Treffpunkt erwartet, dann erzähle ich eine mit ihm erlebte Episode, eine sprachliche Besonderheit, eben irgendetwas, damit die Gäste schon das Gefühl haben, den Wartenden zu kennen. Da sind beispielsweise die temperamentvolle Berlinerin in Assisi, die Deutschsprachige in Rom, der es mit begeisterten Schilderungen immer wieder gelingt, uns erschöpfte Touristen zum nächsten Highlight zu bringen oder den mit Worten charmant übertreibende Italiener in Capri.

Auffallend ist, dass besonders im Süden Italiens mehr Holländer, Belgier, Kroaten und vor allem Österreicher eine Lizenz haben als die Italiener selbst. Da für die meisten die deutsche Sprache eine Fremdsprache ist, kommt es mitunter zu Übersetzungsfehlern, über die unsere Gäste herzlich lachen. Das ist dann sozusagen das Salz in der Suppe. Unsere Reiseleiter bemerken das selbstverständlich und nutzen es aus. Jahrelang bieten sie dieselben Fehlübersetzungen an. Nur der den Bus Begleitende kann es ja überhaupt bemerken. Dem Gast bleiben Fakten mit den kleinen Versprechern mitunter besser in Erinnerung als nur exzellente, fehlerfreie Formulierungen.

Mehrere Jahre hintereinander begleitete uns in Sizilien ein Verantwortlicher, der sich ganz besonders um das Wohl der Gäste bemühte. Die deutsche Sprache hatte sich der Sizilianer autodidaktisch als Busfahrer früherer Reiseunternehmen angeeignet. Seine „Versprecher" kamen immer wieder an gleicher Stelle, und ich weiß nicht zu beurteilen, ob es aus guter Erfahrung mit den Gästen bewusst erfolgte.

Durch die Weizenanbaugebiete Siziliens fahrend, erfahren wir, dass „viele Weizen gesämen (angebaut) werden", und als wir kurz darauf die Stadt Enna tangieren, erzählt er, dass die Fruchtbarkeitsgöttin Demeter einem anderen Gott in die Arme fiel. „Sie endete in seinen Ärmeln." Nur ich wusste, dass er ganz bewusst die Worte Arm und Ärmel vertauschte.

Ähnliche Übersetzungsfehler gab es auch in der Geografie, z.B. „versammelten sich zwei Flüsse" (flossen zusammen.). Für den Fall, dass die Gäste seinen „Spaß" nicht verstanden haben könnten, wiederholte er. „Es passierte, nachdem sich die beiden Flüsse versammelt hatten." Nun lachten die Gäste, die sich bei der ersten Darlegung wahrscheinlich auf den Inhalt konzentriert hatten.

Die sogenannte goldene Muschel, die Verbindung von Palermo nach Monreale, wurde „planiert" (geplant) und die Toten wurden „kremiert" (verbrannt).

Als wir über die aus Lava-Gestein gebaute Straße zum Ätna hinauffuhren, wurde „der Bus nervös" (es holperte), und die Stadt Catania war durch „ein Erdbeben rasiert" worden.

Ist nicht die Formulierung, dass der Olivenbaum „immer noch früchtet" vorstellbar?

Herzlich lachte ich in einer mit Sicherheit nicht geplanten Situation. Im Hafen von Syrakus erklärte P.: „Rechts sehen Sie den Hafen von Syrakus." Er spricht aber kein „H", und die Gäste verstehen, dass sie den „Affen" von Syrakus sehen, drehen die Köpfe nach rechts und fragen alle durcheinander: „Wo? Wo?"

Viel, viel schlimmer fand ich jenen, der uns von Neapel entlang der Amalfi-Küste begleitete. Mit Sicherheit hatte er keine Lizenz, aber in der Hochsaison war schnell ein Ersatz gesucht worden.

Sein Reisekommentar hörte sich etwa so an:
„Langsama, langsama verlassena wira die Industriezone von Neapela..."
„Rechtsa sehensja die Insela Nisida."
„Jetza schauensja wiedera die Industriezone von Neapela..."
„Jetza sehensja die kleine Hafena von Insela Nisida."
„Jetza verlassena wira die Hauptstraßa..."

Die vielleicht wirklich wichtigen Informationen, die er gab, konnten die Gäste nicht erfassen. Aber diese Art von kuriosem Ersatz-Begleiter ist erfreulicherweise nur selten.

Auf Capri kenne ich fast alle deutschsprachigen Fremdenführer. Im Hafen von Marina Grande werden die Gäste erstmals versammelt, denn von hier beginnt die kurvenreiche Auffahrt mit Minibussen nach Capri bzw. Anacapri, dem höchsten Punkt der Insel. Unser heutiger Begleiter steht etwas erhöht und stellt sich vor: "Mein Name ist Leonardo..." Danach folgt eine lange erwartungsvolle Pause. Mit großer Sicherheit reagiert auch einer der Gäste und fügt hinzu: „...da Vinci". Darauf schien er nur gewartet zu haben, denn nun begann ein Feuerwerk der Redekunst. „Sie denken, ich seien heute Ihre Reiseleiter. Nein, ich seien Euer Freund." Im Verlaufe des Tages nannte er dann nacheinander die Gäste „Freunde der Nacht", „Lieblinge",

„Schnuckis" und „Schnuckiputzis", verbeugte sich the-atralisch nach den jeweiligen Erläuterungen wie ein richtiger Schauspieler und warf „Küßchen, Küß-chen" in die Menge. Auch ich („Schnuckiputzi") wurde bedacht. Die Gäste fanden es witzig, lachten, ich bei sei-ner ersten Reiseleitung auch.

Eines Morgens kam ein junger Sizilianer zum Treff-punkt, der eine starke Erkältung hatte, kaum sprechen konnte. Auf die Begleitung wollte er nicht verzichten, deshalb brachte er eine Schreibtafel und Stifte mit. So saß er nun zwischen dem Fahrer und mir und schrieb Stichpunkte auf die Tafel. „Ebene von Catania, Lava, Augusta-Erdölraffinerien, Eukalyptusbäume, Monte Gibello, Pfirsischplantagen, Pistazien..." Aus diesen Stichworten hatte ich nun den nötigen Begleittext zu formulieren, und ich wünschte mir, mit meinen Gästen allein zu sein, dann wäre es weniger kompliziert.

Er aber hatte malerisch den quittegelben Schal um den Hals drapiert, stellte sich als Student einer Thea-terschule vor, der in Deutschland aufgewachsen war. Ihm gefiel es sichtlich so, denn er machte keinerlei An-stalten, etwas mehr zu tun, als diese und andere Worte aufzuschreiben.

Ich hegte wirklich Zweifel an der Notwendigkeit sei-ner Anwesenheit unter diesen Bedingungen, aber die touristischen Gepflogenheiten verlangen es.

So verschieden auch die Temperamente der „Örtli-chen" sind, waren in der Regel alle bemüht, ihre Be-geisterung für das Land auf uns zu übertragen.

Bewunderung hegte ich über die Art und Weise, wie der Stadtführer von Palermo Begeisterung für seine Stadt erweckte. Seine Verehrung für die historischen Leistungen des Kaisers Friedrich II. ging soweit, dass er seinen eigenen Sohn Federico genannt hatte. Seine sachlichen und mit viel Humor vorgetragenen Darlegungen unterbrach er mehrfach mit den Worten: "Isch liebe Sizilien!" Danach folgte ein genießerisches „Aaah!" Alle glaubten ihm das, denn seine Worte wurden immer mit dem entsprechenden Pathos vorgetragen.

Als ich wieder einmal mit einer Reisegruppe nach Palermo kam, hatte ich meinen Gästen von B. erzählt. Ein junger Mann machte den Vorschlag, B. zu überraschen und in seine Begeisterung einzustimmen. Allgemeines Einverständnis wurde signalisiert. B. kam, stand im Bus, um die Gäste zu begrüßen und den zeitlichen Ablauf der Besichtigungen zu erläutern und wollte mit eben jenem Begeisterungssatz für seine Heimat enden. Er begann mit „Isch...", vielstimmig schallte ihm „...liebe Sizilien . Aaah!" entgegen.

Der Fremdenführer hatte natürlich sofort den Urheber der kleinen Lausbüberei ermittelt. Ich glaube, er war sogar ein wenig stolz darauf, dass die Gäste seine Begeisterung zu teilen bereit waren. Gern erinnerten wir uns später daran.

Endlich, endlich schlief ich ein.

7. Reisetag: SYRAKUS, ORTIGIA und CATANIA

Die Abfahrt am Morgen erfolgt fast geruhsam. Wir hatten kein Gepäck zu verladen. Solche Reisetage kommen bei unseren Rundreisen nicht häufig vor.

Ab und an verschläft schon mal jemand, aber das ist selten.

Mir ist das auch passiert... zwei Mal! Einmal hatte ich im Hotel den Wecker ausgeschlagen und weiter geschlafen und musste dann ohne Frühstück im Dauerlauf zum Bus. Ich kam zwar völlig erschöpft an, aber immer noch pünktlich.

Beim zweiten Mal war es wesentlich komplizierter. Noch zu Hause im Bett wurde ich vom Klingeln meines Handys geweckt, nicht vom Wecker. Schlagartig wusste ich, dass etwas nicht stimmte. Der Gesprächspartner am anderen Ende war der Busfahrer, der darüber verwundert war, dass ich zur angegebenen Stellzeit noch nicht am Bus war. Während ich so schnell als möglich versuchte, in die schon bereitgelegten Kleidungsstücke zu kommen, stand auch das vom Fahrer geschickte Taxi vor der Tür. Zwar nicht zu Arbeitsbeginn, aber pünktlich zur Abfahrt des Busses war ich durch die Hilfe meiner Kollegen da.

Das Erschrecken über mein Verschlafen hatte mich ganz munter werden lassen, so dass ich nun auch begriff, dass ich versäumt hatte, beim Stellen des Weckers die Zeitumstellung zu berücksichtigen.

Hinter mir auf der ersten Reihe hatte schon mein „heimliches Ärgernis" Platz genommen. Das war ein älterer Herr mit einer Beinprothese, die er vom Mittelgang aus nach vorn streckte. Wenn ich Platz nahm, dann hatte ich während des gesamten Tages unmittelbar neben meinem Kopf seinen Fuß, denn ich sitze ja etwas tiefer. Ich verstehe einfach nicht, weshalb Reisende mit Beinproblemen die erste Reihe buchen. Wenn es nicht gerade ein Bus der Luxusklasse ist, dann ist dieser Sitzplatz am unbequemsten, weil die Beine nicht ausgestreckt werden können. Das weiß auch jeder Mitarbeiter im Büro, der eine Reise verkauft. Tagtäglich ärgere ich mich darüber, aber bringe es auch nicht fertig, es dem Gast ins Gesicht zu sagen. Wäre nicht seine Behinderung gewesen, dann hätte ich sicherlich keine Hemmungen gehabt. Aber auch von ihm konnte ich eigentlich erwarten, dass er sich für seine „Belästigungen" entschuldigte, aber nein, für ihn war es selbstverständlich, mit dem Bein zu baumeln, so dass ich mit meinem Kopf ständig seinen Straßenschuhen auswich.

Der Fahrer beobachtete lächelnd mein Tun, aber helfen konnte er mir auch nicht. Es gibt auch Reisen, wo ihm, bildlich gesprochen, die Füße „um die Ohren gehangen" werden.

Schwerpunkt unserer Besichtigung heute ist eine weitere Perle der Insel, die Stadt Syrakus mit der berühmten Insel Ortigia, die nur durch eine Brücke von der Stadt getrennt ist.

Wir parken aber zunächst in der ARCHÄOLOGI-
SCHEN ZONE, dort, wo eine schmale Gasse zwischen
Souvenirläden und Cafe alle Touristen schluckt.

Das Halbrund des in den Ausmaßen größten griechischen Theaters, noch heute bespielt, für 15.000 Zuschauer aus einem Monolith geschlagen, beeindruckt
mich nicht so, wie ich es eigentlich erwartet hatte.
Vielleicht lag es daran, dass ich wenige Tage vorher
im Theaterrund von Taormina saß.

Beim Weitergehen betrachtete ich die ebenfalls riesigen Abmessungen des Hieron-Altares, eines Opfer-
stockes mit 200 Metern Seitenlänge. Der Tyrann ließ
ihn bauen, um jährlich 450 Stiere zum Gedenken an
die Errichtung der Demokratie in Syrakus zu opfern.

An der Schmalseite führen zerfallene Steinstufen auf
das Opferplateau. Rosafarbener Oleander, dunkelro-
ter Mohn und wildes Getreide wuchern zwischen den
Steinblöcken. Nichts mehr erinnert äußerlich an
seine heilige, grausame Funktion. Sogar die alte Blut-
rinne ist verwittert, z.T. mit Erde bedeckt und vom
Grün geschluckt.

Neugierig wartete ich darauf, die Latomie zu sehen,
wo der Syrakuser Weiße Stein abgebaut wurde. Ca.
100 Meter liefen wir auf dem Grund des Steinbruches,
etwa 30-40 Meter unterhalb des Niveaus der Straße.

Dann endlich entdeckte ich es, das berühmte „Ohr
des Dionysos". Durch den Abbau des Gesteins von
oben nach unten hatte sich diese Form gebildet, die
äußerlich die Gestalt eines spitzen Ohres haben

könnte. Hier soll der Tyrann seine Gefangenen belauscht haben. Ich staune über den ungewöhnlich lauten Hall eines jeden Geräusches in der 65 Meter tiefen Höhle, aber auch über die glatten Wände des antiken Steinbruches. Mit ausgestreckten Fingern fahre nicht nur ich entlang des kühlen Felsens.

Hier oder in der Latomia dei Cappuccini haben die überlebenden Kriegsgefangenen aus Athen, die die griechische Stadt Syrakus belagerten und deren Schiffe im großen Hafen eingeschlossen waren, gearbeitet, nachdem sie durch eine Kriegslist besiegt worden waren. Das war zu Beginn des 5. Jh.

Lange her also, trotzdem schauerte uns, als wir das Schicksal der Athener an historischer Stätte vor Augen geführt bekamen.

Beim Hinausgehen aus diesem Teil der Archäologischen Zone wende ich mich noch einmal zurück, steige extra auf einen Betonsockel. Über Feigen-, Oliven-, Zitronen- und Orangenbäume hinweg kann ich Abschied nehmend das „Ohr" und die Seilergrotten im gelben und grauen Gestein erkennen.

Steinstümpfe, stehengebliebene Reste der Sklavenarbeit, ragen malerisch zwischen den Bäumen hervor. Auf der Oberfläche, nur wenige Meter weiter, stehen moderne Wohnhäuser, umgeben von Macchia.

Das römische Amphitheater, nach dem Kolosseum in Rom und der Arena von Verona das drittgrößte, wurde wie das griechische in den Fels geschlagen Ge-

lasse für Raubtiere im unteren Fels und ein Wasser-
becken in der Mitte machen sichtbar, dass alle Varianten römischen Theaters möglich gewesen sein
können: Vielleicht Neumachien, sicher aber Gladiato-
renkämpfe gegen Tiere und auch Wagenrennen.

Mich interessiert immer, was in der Vergangenheit
mit den bedeutenden Bauten geschah. Hier erfahre
ich, dass das Theaterrund ehemals drei Ränge hatte,
dass aber der 3. Rang für Festungsbauten abgetragen
wurde.

Nach dem Besuch der Archäologischen Zone bringt
uns der Fahrer in die eigentliche Stadt SYRAKUS.
Über den Corso Umberto fahren wir zum Parkplatz in
der Nähe des Hafens und laufen wenig später auf die
INSEL ORTIGIA, die nur durch einen schmalen Kanal
vom Festland getrennt ist.

Entlang der Promenade, die an einem Naturhafen
entlangführt, gelangen wir direkt zur Aretusa- Quelle.
Man stelle sich einen gemauerten kleinen Teich mit
weißen Enten vor, und ringsum eine Menschenmenge, die vom schmiedeeisernen Gitter hinab auf
etwas blickt, das in der Mitte des Wassers manns-
hoch wächst. Gelblich außen, in der Mitte grün, so
stehen hier die Papyrusstauden, aus denen man einst
das nach ihnen benannte Schreibmaterial fertigte,
aber auch Körbe und Boote, sogar Lebensmittel wurden daraus hergestellt. Hier bestaunen wir nur einen
kleinen Busch der Pflanze, die ansonsten unweit von
Syrakus geerntet wird.

In der Archäologischen Zone zeigten Händler die Herstellung des Papyruspapiers; man legt mehrmals dünne Streifen nebeneinander und schachbrettartig übereinander, das Ganze wird gepresst und getrocknet. Fertig ist das „Bananen-Papier". Es bringt mich niemand davon ab, dass hier für Touristen die langen Stile der Bananenstauden verwendet werden. Vielleicht irre ich mich ja auch.

Die meisten Gäste folgen dem Stadtführer quer durch die schmalen Gassen der Insel zum Dom und zum Apollo-Tempel, dem ältesten dorischen Tempel der gesamten Insel.

In der sich anschließenden Freizeit bummeln viele zum Hafen oder über den nahen Flohmarkt. So gern würde ich mit einem Boot aufs Meer hinausfahren und von dort die Silhouette von Syrakus betrachten. Aber meine Gäste meinen, dass der Kapitän des Schiffes zu hohe Preise habe.

Zwischen Domplatz und Tempel laufe ich die schmale Straße abwärts. Nur gerade mal ein Auto kann zwischen all den parkenden Wagen und den Fußgängern langsam, langsam fahren.

Während in der Nähe des Domes noch private Palazzi zu finden sind, rücken die Häuser ohne Fußweg näher und näher.

Im Erdgeschoß sehen die Wände nie die Sonne, nach oben in den drei- und vierstöckigen Gebäuden lechzen die Menschen nach frischer Luft, die schmiedeeisernen Balkone treffen sich fast in der Mitte der Straße.

Die Via dei Candelai, die zum Meer führt, ist besonders schmal. Die Wäscheleinen werden sogar quer über die Straße von einem Haus zum anderen gezogen. Trotzdem sind nicht nur die Durchblicke zum Wasser beeindruckend. In unregelmäßigen Abständen hängen Blumenampeln mit Farnen von Balkonen und Fenstern, die die grauen Häuserzeilen auflockern. In den Schaufenstern sieht man ohnehin allerlei Buntes, vor allem „das sizilianische Zuckerzeug" und alle Arten von Keramik.

An der neuen Brücke angekommen, die Ortigia mit dem Festland verbindet, stelle ich fest, dass ich noch ein wenig Zeit habe und laufe noch zu einer modernen Sehenswürdigkeit der Stadt. Wenige Meter hinter den Ausgrabungen auf dem Festland befindet sich die 1968 gebaute Kirche „Madonna delle Lacrime" (Tränenmadonna). Die Sizilianer sagen aufgrund der originellen Dachkonstruktion ehrfurchtslos „Zitronenpresse". In der Tat ist es ein Rundbau mit 90 Metern Durchmesser. Von oben gesehen könnte dieses Kegeldach wie ein „Stern aus Beton" aussehen. Trotzdem wirkt das Gebäude auf mich, obwohl die Geschichte der Gipsmadonna, die Tränen über eine zu Tode Erkrankte weinte, von mir in das Land der Mythen verbannt wird.

Von Syrakus kommend, sieht man beim Weiterfahren zuerst den Dom von Catania. Wir orientieren uns auf der Stadtkarte und fahren zunächst Richtung Hafen, von dort ist es nicht schwer, den Parkplatz in Zentrum-Nähe zu finden. Catania ist die zweitgrößte Stadt der Insel, die „chaotischste Stadt", nicht nur den Straßenverkehr betreffend. Das Autokennzeichen „CT" steht bei den Einwohnern für „Catastrophe totale". Von dieser CT ist am frühen Nachmittag nichts zu spüren. Die Catanesen halten Siesta, kaum jemand ist auf der Straße.

Wir laufen vorbei am Obst- und Gemüsemarkt. Nur die Abfälle, Schmutz und Gestank lassen erahnen, was sich hier am frühen Morgen unmittelbar vor dem Tor abspielen könnte, das direkt zum Hauptplatz führt.

Das Wahrzeichen der Stadt, ein kleiner Elefant aus Lava, auf dessen Rücken ein ägyptischer Obelisk ruht, steht mitten auf dem Domplatz. Nach dem großen Erdbeben von 1693 wurde er aus dem Schutt geborgen und seine Teile wieder zusammengefügt.

Ätnaausbrüche und Erdbeben am Ende des 17. Jh. zerstörten die Stadt und veränderten ihr Gesicht. Die Stadt trägt den Beinamen „schwarze Stadt", weil beim Wiederaufbau die Fassaden der großen Barockbauten im Zentrum aus Lavagestein errichtet worden waren. Auch die Straßen wurden mit schwarzem Gestein gepflastert, überall schwarze Lava.

Gern laufe ich mit den Gästen zum Castello Ursino, das im 13. Jh. für Friedrich II., den Stauferkönig, als Seefestung aus Lava erbaut wurde.

Die Lavamassen des Ausbruchs von 1669 wälzten sich am Kastell vorbei, schlossen es ein und flossen weiter ins Meer. Bei einem Rundgang um das wehrhafte Gebäude kann man die Differenz zwischen den ursprünglichen Grundmauern und der heutigen Ebene, der nach dem verändernden Ausbruch, sehen. Sie beträgt etwa 5-7 Meter.

Das Kastell wurde zu einem Stadtmuseum umgebaut. Ich glaube, wir waren nach der Eröffnung die ersten Ausländer, die das Innere bestaunen durften.

Den Dom können wir leider nur von außen sehen. Auch er wurde in seiner heutigen barocken Bauweise erst nach dem Erdbeben wieder aufgebaut. Seine rote Schirmmütze kontrastiert mit dem schwarzen Gestein des Gesamtbaus besonders auffällig.

Obwohl ich von der Größe der Bauten angetan bin, empfinde ich Kühle. Das grau-schwarze Gestein lässt keine Wärme aufkommen.

Vor zwei oder drei Jahren war ich bereits am Morgen in der Stadt. Weil der Bus in die Werkstatt musste, wurde der Ablaufplan des Tages verändert.

Wir hatten die Möglichkeit, zum Fischmarkt zu gehen, gleich hinter dem Domplatz. Was war dort für ein Gedränge, ein buntes Treiben, scheinbares Durcheinander von Käufern und Verkäufern. 20 -30 Fisch-stände befanden sich nebeneinander. Ähnlich den Marktschreiern bei uns priesen die Fischhändler ihre Waren an.

Es gelang mir sogar, einen Schwertfisch als Ganzes zu sehen. Bisher kannte ich nur die Scheiben auf meinem Teller.

Während die Händler diskutierten und gestikulierten, übergossen sie ihre Ware ständig mit frischem Wasser. Mit Gummistiefeln und weißer Gummischürze passten sie genau in meine Vorstellungen.

In Sandalen und mit heller Hose bekleidet, wagte ich nur zaghaft aufzutreten und wurde natürlich als „Fremde" und „Nichtkäuferin" sofort erkannt.

Auffallend war der krasse Gegensatz zwischen den Straßen, Gassen und Häusern im Hafenviertel, wo man die Armut förmlich spüren konnte und den Prachtstraßen, Parkanlagen und Modeläden im Zentrum und auf der Via Etnea. Trotzdem oder deshalb ist Catania Heimat für mehr als 400.000 Einwohner.

Die Weiterfahrt verbanden wir mit einer Fahrt entlang der Zyklopenküste. Glücklicherweise regnet es heute nicht.

Ich erinnere mich, dass wir im vergangenen Jahr von Syrakus abfuhren, als sich eine dunkle Wolkenwand hinter der neuen Kirche aufgetürmt hatte. Es war Wind aufgekommen. Und dann passierte es.

Noch nie gesehene Regenmassen fielen vom Himmel und binnen einer Viertelstunde war die Uferstraße zum Fluss geworden. Die Autos standen an den Straßenrändern bis über die Felgen im Wasser und die

Parkplätze waren eine Seenlandschaft. Große Regentropfen trommelten mit hartem Klang auf das Dach des Busses, die Scheibenwischer schaffen den Ansturm der Wassermassen nicht.

Die Gäste waren alle im Bus aufgestanden, auch sie hatten solchen Regenguss noch nicht erlebt. Unser Fahrer konnte weiterfahren, selbst dort, wo im Tal die ersten Autos stehenbleiben mussten, weil das Wasser zu hoch war. Gewitterblitze vermischten sich mit den Blitzen unserer Fotoapparate.

Vielleicht drei Kilometer weiter, wir waren Richtung Taormina gefahren, hörte der Regen ebenso blitzartig auf, wie er begonnen hatte. Der Himmel wurde heller und die Straßen waren kaum noch nass. Unser Reiseschild „Sonneninsel Sizilien" hat wieder seine Richtigkeit.

8.Reisetag: ÄTNA

Der Tag, an dem wir nun endlich zum Ätna hinauffahren, ist ein ganz besonderer im Reiseverlauf. An drei aufeinander folgenden Tagen sind wir immer nur vorbeigefahren, konnten sein Tun nur von weitem beobachten. Aber die Faszination Ätna hatte uns bereits in seinen Bann gezogen.

Für mich ist der Ätna mit keinem anderen Berg zu vergleichen: Wir sagen „Ätna" und meinen eine Fläche, die größer als der Bodensee ist und einen Durchmesser von 43 Kilometern hat.

Ein Areal von ca. 200 km Umfang und 270-300 scheinbar erloschenen Vulkanen, vor allem aber mit dem größten und aktivsten Vulkan Europas, der der Landschaft den Namen gab, zieht unser Interesse auf sich.

In der Presse stand wiederholt, dass sich der Charakter des Berges verändere. Aus einem relativ friedlichen Berg wandle er sich über einen längeren Zeitraum zu einem gefährlichen Feuerberg. Äußerlich sichtbar wirft er grollend glühende Lava aus seinen Schlünden.

Wenn wir jeweils abends vorbeifuhren, dann bot sich uns Touristen ein fantastisches Bild des glühenden Lavaregens, der einige hundert Meter in die Luft geschleudert wurde. Am Tage mussten wir uns mit grauen Aschewolken zufriedengeben, die aus dem

Krater quollen und vom Wind Richtung Meer getrieben wurden. Bei der Rückkehr am Abend oder auch vom Hotel aus konnten wir die glühende, gelblichrote Pracht aus der Ferne beobachten. Die Feuergarben schossen mitunter im Minutentakt aus dem Schlund, begleitet von heftig knallenden Gasexplosionen.

Von der Hauptstraße, der „Piazza 9. Aprile", in Taormina konnten wir sogar einmal den 30 Kilometer entfernten Lava- Fluss sehen, der ganz allmählich ins Tal vordrang.

1987 ist die Ätna-Region zum Naturpark erklärt worden. Kein Wunder also, dass während unserer Auffahrt das Interesse auch der Vegetation des Massivs gilt. Auf den phosphat- und mineralhaltigen Böden gedeihen Haselnüsse, Mandeln und Wein. Wir steigen kurz aus, um auf einer Zitronen- und Orangenplantage „zu kosten"; mit Erlaubnis und ganz frisch vom Baum. Wir können uns persönlich davon überzeugen, dass der Boden des Ätna sehr fruchtbar ist.

Wir nehmen uns Zeit, halten deshalb auch in dem Ort Zafferana. Schwarzes Basaltpflaster als Straßenbelag, echtes Lava-Gestein, durchzieht auf schmaler Straße den Ort.

In den Schaufenstern wird für den feuerroten Ätna-Likör "Fuoco dell´ Etnea" geworben, den es mit 50, 70 oder gar 90% gibt.

Lorbeer- und Ficus-Bäume in den Gärten am Hang und die Möglichkeit, eine deutsche Zeitung zu kaufen, das ist mir im Gedächtnis geblieben.

Hier benutzt man zum Verputzen der Häuser Basalt-Sand, der durch die hellgrau- dunkelgraue Patina eher abschreckend auf uns Betrachter wirkt.

Obwohl, wie man uns sagte, im Augenblick das gesamte System des Ätna in Bewegung geraten sei, drängen wir dem rumorenden Giganten entgegen.

Hinter Zafferana, auf ca. 1.200 Meter Höhe, steht ein kleines Schild mit der Zahl „1991/92". Dort kam ein gefährlicher Lavastrom zum Stehen. Im Video, das an allen Kiosken verkauft wird, kann man die Versuche sehen, die Lava durch Sprengungen umzuleiten und ihr den Weg mit großen Betonplatten zu versperren. Die furchtbare Gewalt des ca. 1.500°C heißen Stromes, der sich mit 3-5 km pro Stunde vorwärts bewegte, war stärker.

Auch Jahrzehnte später denken die Geophysiker über zehn Meter hohe Erdwälle nach, die Dörfer vor dem Magma schützen.

Die Herbstfarben des Waldes lenken den Blick des Urlaubers weg vom rostfarbenen Gestein und aschegrauen Geröll. Harmonisch aufeinander abgestimmt hat die Natur den Waldgürtel, in dem Edelkastanien, Eichen, Buchen und Schwarzföhren dominieren. Dunkelrotes Weinlaub in den Gärten, die gelben Blüten des Ätna- Ginsters, gelbfarbige Moose in allen Nuancen, rostrote Farne und immer wieder das Dunkelgrün der hohen Bäume wechseln einander ab. Die Straße ist asphaltiert, aber ziemlich kurvenreich.

Jetzt stoßen wir in die Lavawüste vor, wo nur noch Flechten, Moose und Farne wachsen.

Unsere Aufmerksamkeit gilt sogenannten „Lavahöhlen", die entstehen, wenn der Strom an der Oberfläche erstarrt und die Lava darunter weiter fließt. Hellere Lavabahnen bedeuten, dass das Gestein älter ist, dass Regen, Schnee, Wind und Sonne ihr Zersetzungswerk begonnen haben.

Erst nach ca. 300 Jahren ist das harte Gestein zerbröselt. Um diesen Vorgang zu beschleunigen, wird Ginster gepflanzt; der „Baumginster" wird bis zu 9 m hoch; ganze Wälder gibt es davon in Gipfelnähe.

Vorbei geht die Fahrt an umgestürzten und ausgebrannten Masten ehemaliger Lifte.

Selbst die Straße, 1974 gebaut, wurde schon mehrfach durch die Kraft dieses Ungeheuers Ätna zerstört. Wenn wir später die Panorama-Straße hinunterfahren werden, halten wir, um die Urkraft des Kraters zu „spüren": ganze Häuser wurden durch den Lavastrom eingeschlossen, bedeckt. Nur die roten Ziegeldächer schauen heraus. Zweifellos ein interessantes, jedoch erschütterndes Fotomotiv.

Vor Jahren fuhren wir mit dem Bus bis zum großen Parkplatz Nikolosi-Nord. Dort konnte die Auffahrt mit einer modernen Kabinenbahn beginnen, die uns in 2.500 Meter Höhe brachte. Der Blick schweifte dann über riesige Lava- und Aschefelder, alles dunkelgrau, hellgrau und rötlich. Aber selbst dann spürt man die Fürsorge des Menschen; erste kleine Bäumchen (Ginster- und Nadelbäume) wurden gepflanzt und mit Pflöcken gestützt.

Wir waren schon nach dem Ausbruch 2001 hier gewesen, hatten gesehen, dass die Lava die dritte Seilbahn zerstört und die Talstation sowie das Restaurant regelrecht eingeschlossen hatte.

2004 standen wir wieder am Silvester-Krater und sahen das Ausmaß der Lavaströme des vergangenen Jahres. Eine schwarze Welle der Vernichtung war von ganz oben gerollt und verlief quer über die Straße, die zur unteren Seilbahnstation und zum Parkplatz führte.

Auf ihrem Wege hatte sie sowohl die kleinen Anpflanzungen als auch die Kioske verbrannt. Unmittelbar hier war sie zum Stehen gekommen. Eine provisorische Trasse führte zum Parkplatz.

In dicke Jacken gehüllt standen wir an, um in Maxi-Jeeps nach oben, zum Bergkegel, gebracht zu werden. Heute musste die gesamte Auffahrt mit Jeeps bewältigt werden. Die Fahrt in diesen kleinen Bussen war ansonsten der zu bewältigenden Strecke zwischen 2.500 und 3.000 Metern Höhe vorbehalten. Knatternd und prustend fuhr unser Fahrzeug, dicke Aschewolken aufwühlend, nach oben.

Dann endlich... Ausstieg. Mit einem Bergführer laufen wir noch ein weiteres Stück nach oben. An den Krater-rand darf niemand mehr. Das Schicksal des Philoso-phen Empedokles, dessen goldene Schuhe der Sage nach am Kraterrand gefunden wurden, war wohl für diese Festlegung nicht entscheidend, sondern der Leichtsinn der Touristen, die sich selbst jedes Jahr er-neut in Gefahr brachten.

Während wir den Worten des Bergführers lauschten, ziehen weiße Schleier, die direkt unter unseren Füßen aus dem Berg hervorquellen, ihre Bahn. Wir schauen und staunen. Zu gewaltig ist der Berg. Und nicht zu vergleichen mit dem Vesuv, von dessen Bewohnern man erzählt, dass sie nur ehrfürchtig von IHM spre-chen, wenn sie den Vesuv meinen. Für mich ist der Ätna der „Berg der Berge", von den Einwohnern liebevoll „Moncibello" genannt. Während wir alle fasziniert nach oben sehen, erfolgt eine neue Eruption. Aus dem Krater steigt ein gelblichbrauner Riesenpilz, ein wo-gendes Meer aus Gas, das ganz langsam vom Wind ver-weht wird. Gleichzeitig verstärkt sich die Schleierbil-dung aus den unzähligen kleinen Öffnungen zu Füßen des Kraters und damit auch zu unseren Füßen. Ein Schauspiel der Natur!

Zum gleichen Zeitpunkt wurde ich gezwungen, meinen Standplatz verlassen, die Lava unter meinen Füßen war noch zu heiß. Etwa ein Jahr soll es dauern, bis sie vollständig erkaltet ist.

Ja, es hat sich etwas verändert seit meiner letzten Fahrt. Straße und Parkplatz wurden wieder gebaut, neue Kioske stehen, vor allem aber gibt es sie wieder, die Seilbahn auf den Berg der Berge oder besser auf den Vulkan der Vulkane.

Diesmal bleibe ich „unten", um den kleinen Silvestre-Krater zu umrunden und um ein Stück des Berges auf einem Trampelpfad hinaufzulaufen. Mir schließen sich einige Gäste an, die aus verschiedenen Gründen nicht auf 3.000 Meter wollen.

Nach halbstündigem Weg bemerken wir, dass die Sonne hinter dicken Wolken verschwunden ist, Nebel zieht auf. Hier oben auf dem Gipfel ändert sich das Wetter sehr schnell. Wir sehen diese Veränderung als Hinweis zurückzugehen.

Obwohl noch drei Tage für die Rückfahrt bleiben, fällt die Anspannung von den Gästen ab. Sie haben scheinbar alles gesehen, was im Katalog aufgeführt worden ist. Auch für uns, die Buscrew, ist ein wesentlicher Abschnitt vorbei.

Sizilien ist jedoch so facettenreich, dass man immer wieder kommen kann, um Landschaften und Kultur neu und anders zu sehen.

An diesem letzten Abend wollen wir uns mit der Besatzung eines anderen Busses treffen. Dann wird u.a. an Episoden erinnert werden, die unterwegs mit den Gästen passierten.

Es ist hier wie überall im Leben. Komische, lustige, tragische, ärgerliche, besorgniserregende, eben aus dem Reisealltag herausragende Ereignisse merkt man sich, an sie wird man durch Bemerkungen oder Gesten erinnert.

Neben vielen netten, freundlichen, verständnisvollen und auch hilfsbereiten Gästen gibt es auch solche, die man nach einer Fahrt ganz schnell vergessen möchte.

Neben Reisegruppen, in denen eine aufgeschlossene, durchgängig humorvolle Stimmung vorhanden ist, gibt es auch solche, die „in Ruhe gelassen werden wollen", in den schönsten Reisegegenden Schach spielen, Unterhaltungslektüre lesen, nicht lachen können oder wollen und mit keinerlei Minenspiel bekunden, ob Darlegungen für sie interessant sind oder eben nicht.

Es folgen einige Beispiele:

Die Namen so vieler Gäste kann man sich in unserem Beruf nicht merken. Wenn wir einen Reisenden bezeichnen wollen, dann charakterisieren wir ihn häufig mit einer Handlung oder einer Äußerlichkeit, die während der Reise auffällig war.

Ein Alleinreisender, der vor dem hinteren Einstieg des Busses saß und sich bereiterklärte, als letzter einzusteigen und den Mülleimer auf der Treppe abzustellen, damit niemand darüber stolpern konnte, wurde hochachtungsvoll „Herr Eimer" genannt.

Bei der gleichen Fahrt half mir ein älteres Ehepaar, die im Bereich der Küche saßen, die Trinksuppen schneller zu verteilen. Sie öffnete die Tüten und hielt sie mir hin, er nahm die leeren Tüten entgegen und sammelte sie in einem Plastebeutel. Der Name „Familie Beutel" war geboren.

Eine andere Dame erzählte im Bus, dass sie jeden Morgen drei gekochte Eier esse. Als wir sie bei einer späteren Reise wieder sahen, erinnerten wir uns an die „3-Eier-Frau". Ess- und Trinkgewohnheiten dienen wiederholt zur Benennung der jeweiligen Personen. Der Herr „Scheen weiß" und der „Kümmeltrinker" waren eben Gäste, die den Kaffee besonders weiß haben wollten bzw. der als einziger einen Kümmeltee trank.

Solch lockerer, aber dennoch höflicher Umgang und oftmals auch die Einbeziehung in den täglichen Ablauf machen die Gäste entspannter. Besonders die Reisenden im Küchenbereich sind mit kleinen Hilfen dabei: Starke Männer öffnen Büchsen und Gläser, Frauen reichen Servietten und Pappen zu, halten Dosen mit Zucker oder Löffeln. Dabei wird erzählt, gescherzt.

Mitunter reisen mit uns Gäste, die von der Reise körperlich und seelisch überfordert werden. Da war z.B. „Opa" H.. Mitte 80, ein kluger Mann, schwerhörig, der nur langsam und schlecht Treppen steigen konnte. Meine Reisegesellschaft zählte mehr als 40 Personen. Der Opa musste untergehakt werden und bei Erklärungen ganz vorn stehen. Ich war meinen Gästen außerordentlich dankbar, dass immer mal ein anderer den alten Herrn begleitete. Er hat es im Verlauf der Reise auch selbst gemerkt, dass er ohne persönliche Begleitung eine so anstrengende Reise nicht mehr unternehmen kann. Was hätte ich getan, wenn die anderen

Gäste nicht zugepackt hätten oder wenn ich zwei Reisende mit ähnlichen Problemen zu betreuen gehabt hätte?

Einmal reiste eine Dame mit, die die Hilfe des Reiseleiters ganz selbstverständlich in Anspruch nahm. Ich half ihr beim Aussteigen sowieso, begleitete und stützte sie auch beim Hinaufgehen einer großen Freitreppe. Danach jedoch hatte ich der Gruppe Informationen zum besuchenden Kloster zu geben, war in der Kirche und im Museum. Wieder am Bus kam die Dame ganz empört zu mir. „Weshalb haben Sie mir nicht die Treppen hinuntergeholfen? Sie haben mich einfach stehenlassen."

Mehrfach reisten schon mit uns Gäste, die für den besseren Schlaf ein Sauerstoff-Gerät benötigen. So verwies eines Morgens eine Frau bei der Gepäckverladung auf dieses besondere Wägelchen mit der Sauerstoffflasche.

Da hatten wir ja noch keine Ahnung, was uns in den kommenden Tagen bevorstehen würde. Am nächsten Morgen kam Frau E. bereits zur Abfahrt mit dem Kofferroller. Sie brauche ihn nur zum Rundgang, meinte sie. Aber auch zwischendurch saß sie nun in den folgenden Tagen im Bus, den Sauerstoff einatmend. Das Geräusch war nicht zu überhören, klang es doch so, als würde jemand bewusst laut Luft durch die Nase mit geschlossenem Mund einsaugen. Beim Service versuchte ich so unauffällig wie möglich über das Wägelchen zu steigen, das mitten im Gang stand. Ringsum verdrehten die Gäste die Augen, fühlten sich selbst unwohl, weil das Geräusch auf Dauer strapaziös war.

Zwei Tage vergingen so.

Am dritten Tag verzichtete die Dame auf die geplante Rundreise, blieb mit „Schnaufi" im Bett. Sicher ist es ungerecht, wenn alle Gäste diese Entscheidung als Erholung betrachteten.

Der Krankenbesuch am Nachmittag zeigte ein neues Problem auf: die Flasche war leer, die Dame war eingeschlafen, ohne das Gerät auszuschalten. Aber nur mit Sauerstoff fühlte sich unsere Reisende den Anstrengungen der Heimfahrt gewachsen. Was nun? Was tun?

Es war an einem Feiertag. Ich bat den Fahrer, mich mit dem vom Hotel geliehenen PKW auf der Fahrt ins Krankenhaus zu begleiten. Die Flasche musste wieder mit Sauerstoff gefüllt werden. Aber es gab auch im Krankenhaus niemand, der für einen solchen „Fall" zuständig war.

Nach langem Herumfragen fanden wir bei einem Chirurgen ein offenes Ohr. Ich war sogar bereit, die etwa einen Meter hohe Flasche aus dem OP-Saal mitzunehmen, denn irgendwie musste der Dame geholfen werden. Glücklicherweise konnte der Sauerstoff durch den hilfsbereiten Arzt umgefüllt werden. Stolz auf unseren Erfolg verließen wir die Klinik und fuhren mit unserem kleinen Fläschchen zurück.

Wer nun geglaubt hätte, dass Frau E. besonders dankbar gewesen wäre, der irrt. Ich musste sie erst auffordern, sich bei der Serviererin zu bedanken, deren Auto wir benutzt hatten.

An eine Episode wird beim abendlichen Gespräch immer wieder erinnert.

Sicher hat wohl die Sorge um Marlene, eine ältere Dame Ende 60, mit dazu beigetragen, dass die Gruppe schnell zueinander fand. Eigentlich war es tragisch, denn Frau M. hatte den frühen Tod ihres Jugendfreundes im Krieg nie verwinden können und hatte sich im Laufe der Jahrzehnte eine eigene Geschichte „gebastelt".

Neben ihr auf dem freien Sitzplatz „reiste" ihr Freund H., ein Holzbrettchen in A4-Größe mit aufgemaltem Männerkopf. Sie zeigte H. unterwegs die Landschaft, erklärte ihm Zusammenhänge; mit ihm verschwand sie mitunter und ging eigene Wege. Dank der Aufmerksamkeit aller Gäste, wurde ich schnell informiert und wir konnten immer pünktlich weiterfahren. Selbst Gäste anderer Busse kamen, um sie abends mit ihrem „Brettchen" tanzen zu sehen. Die Aufmerksamkeit der Gäste und der Beifall störten sie nicht. Machte irgendjemand aus der Runde eine Bemerkung, dann konterte sie mit spitzer Zunge. Nur was ihren „Holzpartner" anbetraf, da war sie mehr als ungewöhnlich.

Am letzten Abend trug sie ihn wieder über ihrer Tasche zum Abendbrot. Mit dem Blick auf das Holzbrettchen sprach sie: "Heute hatte ich überhaupt keine Zeit für dich. Aber wir machen uns einen schönen Abend." Sie kaufte eine Flasche Wein und verschwand nach dem Essen. Am nächsten Morgen verkündete sie für viele hörbar:" Wir hatten aber eine schöne Nacht."

Eines stand fest, Frau M. war eine bedauernswerte Frau, aber sie stand auch gern im Mittelpunkt beziehungsweise genoss es, wenn alle über sie lachten. Man wurde aus ihr einfach nicht schlau.

Wir lachten und sorgten uns zugleich. Ich war unendlich froh, als ich sie am Ende der Reise wieder dem Transfer übergeben konnte und nichts Ernsthaftes passiert war.

Sie wurde jedoch auch später auf verschiedenen Bussen gesehen und reiste auch dort mit ihrem scheinbaren Jugendfreund.

Schwerer war der Urlaub mit L., auch er ein Einzelreisender. Schon am ersten Tag spürten wir, dass es wohl Probleme mit ihm geben würde.

Er war nervlich krank, litt unter Wahnvorstellungen und war auch noch niemals allein von zu Hause weg. Mal redete der Mittvierziger sich und uns ein, dass ihn die Polizei gleich holen würde, mal sprach er davon, dass er ins Krankenhaus müsse. Dann wieder hörte er Stimmen, die ihn nach Hause riefen, weil seine Mutter erkrankt sei oder er seinen Arbeitsplatz verliere. Es war schlimm zu sehen, wenn er zu unterschiedlichen Tageszeiten mit gepacktem Koffer vor dem Hotel stand und wartete, dass er abgeholt wird. Wir baten die jeweiligen Hoteliers, ihm kein Taxi zum Flughafen oder Bahnhof zu bestellen und waren selbst immer auf der Hut. Bei der Betreuung eines solchen Gastes reichen die Anstrengungen von Fahrer und Reiseleiter allein nicht. Jeden Tag gab ich Herrn L. in die Obhut einer anderen

Familie. Erst auf der Heimreise wurde er ruhiger, erlebte ich ihn interessiert und aufgeschlossen.

Meist sind es Alleinreisende, wo es uns besonders auffällt, dass sie zerstreut und vergesslich sind oder uns gar nicht hören können, weil das Hörgerät zu Hause vergessen wurde.

Wenn dann alle Probleme zusammenkommen, dann reist eine alte Dame aus W. mit uns.

Wir wunderten uns zwar alle, dass sie einfach viele Dinge nicht tat, erfuhren aber erst nach Tagen, dass sie Abfahrtszeiten und Treffpunkte gar nicht hörte. Sie hatte mich zwar am ersten Tag in einem Gespräch informiert, dass sie sich nicht orientieren könne. Man habe ihr aber im Reisebüro gesagt, dass dafür ja der Reiseleiter da sei.

Als sie Mitreisende fragte, ob in ihrem Zimmer auch kein Licht sei, wussten wir, dass sie auch die „Zimmerschlüsselhinweise" nicht gehört oder nicht verstanden hatte.

Laut und deutlich stellte sie die für uns „unmöglichsten" Fragen. Mitten in Norwegen, mit dem Blick auf den Geiranger-Fjord unter uns wollte sie wissen, ob das nun die Elbe oder die Moldau sei. Und in Oslo erklärte sie, dass sie nun endlich wieder in Deutschland sei.

Ständig musste sie kontrolliert werden, so konnte sie Hoteltüren von innen nicht öffnen und an Bord des Schiffes vermochte sie die Bordkarte nicht anzuwen-

den. Einmal brachte beim Aussteigen der Maschinenmeister die alte Dame, sie war in der untersten Etage gelandet.

Ich hatte mich daran gewöhnt, sie zu suchen. Fahrer und Gäste halfen mir. Aber mitunter konnte man Probleme nicht verhindern. Am Ende der Reise fuhr sie wie alle anderen mit der Rolltreppe nach unten, blieb aber mit dem Koffer hängen. Erschrocken blieb sie stehen, die Treppe beförderte Menschen und Koffer jedoch ohne Unterlass weiter. Und am Ende der Treppe kam es zum Chaos. Ich zerrte die Frau regelrecht aus dem Gewühl und war froh, als ich sie endlich im Bus hatte. Sie war ja nicht böse, sondern nur von Unverantwortlichen auf diese Reise geschickt worden.

Ja, die Alleinreisenden sind oftmals aufgeregter als andere, wenn sie eine Reise beginnen. So stellte eine Dame aus D. nach stundenlanger Fahrt im Münchner Raum fest, dass alle Unterlagen und alles Geld zu Hause auf dem Tisch liegengeblieben waren. Rechtlich gesehen hätte ich sie zum nächsten Bahnhof zur Rückreise bringen müssen.

Aber ich war nicht konsequent, ich brachte es einfach nicht fertig, sie nach Hause zu schicken. Damit übernahm ich aber auch die Verantwortung für das Folgende. Mit meinem Anruf an einem Feiertag begann ich, einen „Apparat" in Bewegung zu setzen. Ein Taxifahrer wurde zur Wohnung unserer Mitreisenden geschickt. Mit Hilfe der Nachbarin, die einen Schlüssel zur Wohnung hatte, wurde der Ausweis kopiert. Am Abend hatten wir in unserem italienischen Hotel ein Fax mit *den benötigten Unterlagen, aber natürlich kein Original.*

Während der 14-tägigen Reise habe ich kaum einmal an die eventuell auftretenden Probleme gedacht, zumal bei Vorlage der Kopie sogar ermäßigte Eintritte in archäologischen Zonen möglich waren.

Als am Ende der Reise Polizei an Bord kam, wurde mir dann doch bange. Während ich mit meinen Gästelisten versuchte, den Kontrolleur abzulenken, huschte die Frau von Bord.
Geschafft!

In solchen Augenblicken darf ich mir nicht ausmalen, wie es wäre, wenn... Dann darf ich auch nicht darüber nachdenken, ob ich noch einmal so handeln würde.

Sicherlich würden mir weitere Episoden einfallen. Aber der lange Reisetag hatte auch uns müde gemacht.

9. Reisetag: Heute beginnt unsere HEIMFAHRT

Ebenso wie auf der Fahrt nach Sizilien sind drei Tage für die Rückreise geplant.

Wir verabschieden uns von unseren sizilianischen Gastgebern und fahren Richtung Hafen.

Wieder mussten wir die Straße von Messina passieren. Zwischen Kabelrollen, Eisenblechen, Sattelaufliegern aller Art und vielen PKW stand auch unser Bus auf der Fähre zum Festland.

Trotz des Sonnenscheins an diesem Morgen war so etwas wie Abschiedsstimmung in der Reisegruppe zu spüren.

Damit die Heimfahrt nicht identisch mit der der Herfahrt ist, wurde im Programm erstmals eine Änderung vorgenommen.

In Kalabrien sollten wir entlang der Küste fahren. Weil die ohnehin lange Strecke noch verlängert würde, zeigte ich keine Begeisterung für diese Neuerung. Der Reiseauftrag musste jedoch erfüllt werden. So fuhren wir eben über die „Dörfer". Zunächst war die Fahrt recht eintönig. Dann aber veränderte sich die Landschaft: Links hatten wir tatsächlich das Meer und zu unserer rechten Seite erblickten wir alte Burgen und Kastelle, kleine Städte auf Berggipfeln gelegen, zu denen schmale Straßen hinaufführten. Die Häuser umgaben, eng aneinandergedrängt, Kirchen, die der Mittelpunkt des Ortes waren und demzufolge auf der höchsten Stelle errichtet wurden.

Unser Fahrziel hieß MARATEA. Nie zuvor hatte ich davon gehört. Bei der Vorbereitung auf die Reise hatte ich mich in der Bibliothek kundig gemacht und gelesen, dass es ein entlegenes Dorf Maratea oberhalb der eigentlichen Küstenstraße gibt und oberhalb des Ortes wiederum den Monte San Biagio mit einer Christusstatue. Weiter hatte ich einen Hinweis auf antike Ruinen bei oder in Maratea gefunden.

Von weitem sahen wir auch zuerst die Statue. Mit erhobenen, ausgebreiteten Armen steht Christus mit dem Gesicht zum Meer auf der Bergspitze.

Noch ist uns gar nicht bewusst, dass wir gleich dort hinauf fahren müssen. Unser Ziel war das ca. 300 Meter hoch gelegene Dorf. Auf steiler, kurvenreicher Strecke ging es bergauf. An einer Kreuzung stand ein Verbotsschild. Die Einfahrt in den Ort war verboten. Einen Parkplatz für den Bus gab es nicht. Was tun? Wir wussten nicht, wie der Ort aussehen würde, ob man die Ruinen besichtigen könnte, wie weit es überhaupt in den Ort zu laufen war. Ich konnte auch den Bus mit den Gästen nicht stehenlassen, um erst einmal Richtung Stadt zu gehen und das Notwendige zu erkunden. Deshalb entschieden wir uns, weiter hinauf auf den Berg zu fahren. Hoffentlich mussten wir am Ende nicht die Straße rückwärts wieder hinunter! Es gab aber keinen anderen Weg mehr.

Dann, die Überraschung war perfekt. Unter uns sahen wir die Küstenlinie und über uns eine Straße, die ins Nichts zu führen schien. Noch einmal stiegen wir 300 Meter am steilen Berghang und über Schwindel erregende Brücken hinauf. Im Bus wurde es immer stiller, ich habe geschworen, nie wieder diese Straße zu befahren.

Endlich waren wir oben, standen vor der barocken Wallfahrtskirche San Biagio aus dem 17. Jh. Die Aussicht von der Basilika ins Tal war atemberaubend. Nicht nur der Hafen Maratea Marina lag uns zu Füßen, sondern vor allem das Meer, das an diesem Tag von der Sonne beschienen wurde und in den verschiedensten Grüntönen zu leuchten schien. Drehte man sich nach der anderen Seite, dann erblickte man die vielen Berggipfel des Nationalparks „Pollino", ein grüner, nicht enden wollender Teppich, der vor uns ausgerollt worden war.

Ich glaube nicht, dass nur mir allein trotz aller Naturschönheit die Knie zitterten, als ich endlich diesen Blick genießen konnte. Zu viele Gäste tranken gleich vor Ort einen „kleinen Spaßmacher", einen Schnaps, der zum Busvorrat gehört. Nachdem der Fahrer auf dem Platz vor der Basilika den Bus drehen konnte, war mir leichter. Aber noch besser fühlte ich mich, als ich wieder unten im Tal war.

Bedauerlicherweise habe ich meine Höhenangst nach so vielen Jahren immer noch nicht völlig überwunden.

Als wir im vergangenen Jahr in Mailand waren, lud mich eine Familie ein, mit auf die Kathedrale zu kommen. Für einen kurzen Augenblick hatte ich mein Problem vergessen, weil wir mit einem Fahrstuhl hinauffuhren. Oben sah das Plateau aber ganz anders aus als meine bisherigen „Turmgipfel". Das Dach der Kathedrale neigte sich ein wenig nach vorn, es gab nichts zum Anlehnen oder Festhalten. Selbst die Steinbrüstung reichte bestenfalls bis zur Körpermitte. Da ich nun einmal oben war, wollte ich mich zwingen, auf die Stadt zu blicken. Zu diesem Zweck hätte ich über Treppen und weitere Dachelemente laufen müssen. Zweifelnd stand ich da oben und war richtig erleichtert, dass der Reisegast meines Busses mir erklärte, dass ihm die Knie zittern würden. So konnte ich, ohne mein Ansehen zu verlieren, auf schnellstem Weg zurück in den Fahrstuhl und nach unten.

Mit der Zeit ist mein „Höhenkoller" schon geringer geworden. Ich kenne die Fahrer, vertraue ihnen, sitze auch ganz ruhig bei der Fahrt über schier endlose Autobahnbrücken oder in den Kurven und Kehren der Dolomiten, aber es gibt immer wieder Situationen, wo ich mich kaum beherrschen kann.

Jeden Sommer gibt es bei unseren Fahrten nach Norwegen die Möglichkeit, vom Geiranger-Fjord kommend auf die Dalsnibba zu fahren. Die weitaus meisten Gäste genießen das aufsteigende Panorama, den Blick über Schneegipfel und hinunter in den Fjord. Nur ich rege ich mich schon Stunden vorher auf, und wenn der Aufstieg beginnt, habe ich nasse Hände und zitternde Knie. Bei jeder Kurve hänge ich scheinbar über dem

Abgrund, denn eine Begrenzung der Straße gibt es nicht.

Aber ich bin Reiseleiterin und darf demzufolge meine Angst nicht zeigen. Oben angekommen laufen dann die Tränen unkontrolliert, und ich bin regelrecht hysterisch.

Und obwohl es für alle Gipfelstürmer ein Glas Sekt gibt, denke ich mit Schrecken daran, dass ich ja auch wieder hinunter muss. Demzufolge kann ich die Begeisterung meiner Gäste nur scheinbar teilen.

Auch Gästen geht es ähnlich. Vor nicht allzu langer Zeit mussten wir im Dunklen aus dem Rhone-Tal hinauffahren nach Leukerbad. Der Weg führte ziemlich steil nach oben. Durch die Dunkelheit schien der Abgrund neben uns grausig.

Ich rückte automatisch zur Mitte, der Fahrer scherzte noch und meinte, dass ich wohl Höhenangst hätte. Auf der etwa halbstündigen Fahrt sagte niemand etwas im Bus. Aber am folgenden Morgen waren gleich drei Männer nicht mehr bereit, in den Bus einzusteigen. Sie haben auf alle Tagesfahrten verzichtet und wurden am letzten Tag mit dem Taxi ins Tal gebracht. „Höhenangst" fragt also nicht nach dem biologischen Geschlecht.

Auf einer schmalen, aber gut ausgebauten Bergstraße entfernen wir uns von der Küste in östlicher Richtung. Glücklicherweise begegnet uns kaum ein Fahrzeug, so dass wir zügig vorankommen. Noch einmal halten wir, weil sich eine Stadt aus einem größeren Talkessel erhebt. Rivello erinnert an etruskische Tuffsteinstädte in der Tiber Ebene.

Nur kurze Zeit später erreichen wir bei Lagonegro die Autobahn, deren Streckenführung den Gästen schon bekannt ist.

Mittlerweile ist es auch Zeit für die Kaffeepause geworden, die letzte Pause vor unserem vorletzten Hotel. Wir kennen es schon.

Bei dieser Rundreise hat selbst der entschlossenste Shopper wenige Möglichkeiten, viele Souvenirs einzukaufen. Zum einen gibt es ein ziemlich straffes Programm, zum anderen sind die Besichtigungen meist außerhalb der großen Einkaufsstraßen. Es bleiben hauptsächlich die Souvenirstände, die ohnehin für die Touristen eingerichtet wurden.

Leider kann ich mich auch dem „Zauber" des Einkaufens nicht entziehen. So brachte ich während eines Jahrzehnts alles Mögliche aus Italien mit: Kalender aus der Toskana, eine Ledertasche aus Pisa, ein Aquarell aus Florenz, Keramik aus Taormina, Wein und Olivenöl, Marmelade aus bitteren Orangen... Aber vielleicht, weil ich immer wusste, dass ich wieder hierherkomme, kaufe ich maßvoll. Belustigt betrachte ich mitunter, was die Gäste von ihrer Freizeit mitbringen für sich, für ihre Kinder und Enkelkinder, die Nachbarn...

Vor Jahren reiste mit uns ein Ehepaar, die nach langem Suchen wunderschöne Keramikgefäße erworben hatten, die mit Olivenöl gefüllt waren. In der oberen Ablage zwischen ihren Mänteln glaubten sie ihren Einkauf sicher. Die Flasche als solche wurde auch gut transportiert, aber der Stöpsel war nicht fest genug verschlossen, so dass das Öl nicht nur die Kleidung der Gäste verschmutzte, sondern die gesamte Gepäckklappe, die mit einem dem Filz ähnlichen Material ausgelegt war. Trotz aller Reinigungsversuche widerstand das Öl. Die Klappe musste ausgebaut werden, die Einlage erneuert.

Den Reisenden war es sehr peinlich. Sie hatten ihre Keramik doch so sorgsam aufbewahrt. Und nun das.

Manchmal transportierten wir auch ganze Kisten voller Wein, Intarsien Tische, größere gerahmte Bilder, und aus dem Norden kommend Rentierfelle, Geweihe...

Während einer Rundfahrt begleitete uns ein Sizilianer, dessen Söhne in Deutschland lebten. Gegen Ende der Reise bat er uns, ein kleines Päckchen nach Deutschland mitzunehmen, weil einer seiner Söhne beim letzten Besuch etwas vergessen habe. Da P. während unseres Aufenthaltes sehr hilfsbereit war, glaubten wir, ihm auch helfen zu müssen.

Am ersten Tag nach der „Päckchenanfrage" erzählte er uns, dass seine Frau ihrem Sohn doch noch ein paar Kleinigkeiten mehr mitgeben möchte. Er sprach von der Größe eines Schuhkartons.

Der Fahrer und ich lästerten schon über die mögliche Schuhgröße eines solchen Behältnisses. Am Morgen der Abreise brachten uns unsere sizilianischen Bekannten das „Kästchen" in der Verpackungsgröße eines großen Fernsehers.

Da wir nun einmal „Ja" gesagt hatten und das Ehepaar die Kiste schon in den Kofferraum geschoben hatte, übernahmen wir auch den Transport.

An der vereinbarten Raststätte wurde dem Fahrer während des Tankens das Handy gestohlen. Es gab Aufregung, und wir vergaßen beide das Ungetüm.

Wieder auf der Autobahn fiel uns beiden fast gleichzeitig ein, was wir hätten tun sollen. Alle Gäste wussten von der Riesenkiste, nicht einem war es aufgefallen, dass wir versäumt hatten, diese zu entladen. Also fuhren wir die nächste Abfahrt wieder ab und zurück zur Tankstelle. Ich ging bei dem Versuch, das Behältnis zu bewegen, gleich in die Knie. Zwei kräftige Männer mussten aussteigen, um unsere Kiste endlich loszuwerden.

Mir war es in diesem Augenblick völlig gleichgültig, wie der Adressat zu seinem „kleinen" Päckchen kam.

Unser Tag heute verlief ohne weitere Probleme oder Zwischenfälle. Das Hotel war bekannt, und so tat auch jeder, wozu er Lust hatte. Es wurde in Prospekten geblättert, Musik gehört oder ein bisschen „geruht". Durch unsere „Zugabe Maratea" war es jedoch später als gewöhnlich geworden.

10. Reisetag: Weiter nordwärts vom Raum Sorrent bis zum Gardasee

Unsere Wegstrecke wird heute besonders lang sein. Ich empfinde sie sogar als „Zumutung" für alle Beteiligten. Von Viquo Equense auf der Sorrentinischen Halbinsel startend ging unsere Fahrtroute durch ganz Mittelitalien bis zum Gardassee. Es gab nur die unbedingt notwendigen Halts.

Am späten Nachmittag, gegen 17.30 Uhr, erreichten wir die Südspitze des Gardasees mit dem bezaubernden Touristenort SIRMIONE. Im Katalog war ein „Aufenthalt" vorgesehen, und der lohnt sich ja auch allemal. Unsere Gäste waren jedoch ziemlich abgespannt, schließlich hatten sie schon ca. 950 km im Bus hinter sich. Wenn ich aber den Stopp in Sirmione weglassen würde, um gleich ins Hotel zu fahren, dann hätte ich mit Sicherheit zu hören bekommen, dass man nur wegen dieses Aufenthaltes die Reise gebucht habe oder der Gast hätte gleich einen fehlenden Programmpunkt beim Veranstalter angemahnt.

So hielten wir in Sirmione katalogtreu und ließen unsere Gäste den Ort entdecken, egal ob sie wollten oder nicht.

Planmäßig hätten wir von hier zum Hotel noch einmal eine Dreiviertelstunde zu fahren gehabt, aber es kam anders.

Das „Erlebnis" eines Staus auf der Autobahn hat man am häufigsten in Deutschland, aber diesmal mussten wir es auf einer italienischen Autobahn südlich des Gardasees volle zwei Stunden auskosten Es dunkelte. Wir waren ca. 20 Kilometer vor dem Tagesziel und etwa 1,5 Kilometer vor einer möglichen Abfahrt. Nur schrittweise rückten wir vor. Auch auf der Gegenfahrbahn kamen nur in längeren Abständen einzelne Autos. Motorräder fuhren auf dem Standstreifen an uns vorbei, auch in der Straßenmitte quälten und drängelten sich die Zweiräder hindurch, beängstigend nahe zwischen Bus und PKW.

Nach etwa einer Stunde stiegen die ersten aus, liefen an den beiden Straßenseiten nach vorn, um möglicherweise die Ursache des Staus herauszufinden oder einfach nur, um sich zu bewegen. Andere wiederum führten ihren Hund Gassi und wieder andere versuchten, einen kleinen Busch am Wegesrand zu finden, um sich zu erleichtern.

Mehrere Autofahrer verloren die Geduld. Sie versuchten, in entstandene Lücken auf der jeweils anderen Fahrbahn zu wechseln. Unsere Busgäste schauen alle angestrengt nach vorn, so als könnten sie damit irgendetwas erreichen. Kaum einer hatte Muse, den vom Sonnenuntergang rot gefärbten Himmel oder die blasse Mondsichel zu betrachten.

Zwei Stunden werden unter den gegebenen Bedingungen lang und länger, die Gäste sind müde und hungrig. Aber irgendwann ging auch dieser Stau in „Stop and go" über und verlor sich ganz. Die Ursache des Staus blieb unerkannt.

Auch an diesem Tag ist die Wegstrecke ziemlich lang.

Einmal aufmerksam geworden, schaute ich auf die Schilder am Straßenrand. Nein, ich sah wirklich keines, das auf irgendwelche Sicherheitsbestimmungen in Italien hinwies.

Unsere Gäste werden aufgefordert, sich auf ihren Sitzplätzen anzugurten. Ich selbst hatte während einer Schulung gelernt, im Falle einer Gefahr den Bus anzuhalten, die Scheiben zu zertrümmern, mit einem Feuerlöscher umzugehen und erste Hilfe zu leisten. Weil Sicherheit oberstes Gebot ist, wird in den einzelnen Staaten auf unterschiedlichste Weise darauf hingewiesen. Ein schlichtes Schild an einer deutschen Autobahn fragt den Vorbeifahrenden: „Gurt angelegt? Kinder gesichert?"

In der Schweiz hatte ich Schilder gesehen, die sich besonders gegen den Genuss von Alkohol während der Fahrt wandten. Aber in Italien... Nichts! Ich achtete lange Zeit darauf, aber es gab keinerlei Hinweise.

Unsere Fahrt erfolgte auf der Autobahn nordwärts durch das Etsch-Tal, das malerische Obstanbaugebiet bis Bozen, weiter Richtung Brixen und immer hinauf zum Brenner.

Die Sonne steht am azurblauen Himmel über uns. Aber nur wenige Kilometer später erblicken wir ein anderes Bild: Tiefhängende Cumuli-Wolken in den verschiedensten Grautönen trennen jetzt einen weißblauen Himmel von den ersten Alpengipfeln im Schnee. Es scheint wie ein Montagebild auf drei Ebenen.

Jetzt spüren wir auch die anbrechende Jahreszeit. Birken stehen im gelbbraunen Herbstkleid, manche haben sich schon „entblättert". Vereinzelte Ahornbäume tragen ebenfalls rotbraune Blätter. Eine bunte Farbenpalette erblicken wir an den Bäumen zu beiden Seiten der Straße. Nur die Fichten bleiben in ihrem Dunkelgrün unbeeindruckt von den Veränderungen in der Natur.

Der Wind treibt die Blätter wirbelnd über die Straße. Sie taumeln in Kreisen, vom Sog des Busses getroffen, gegen die Scheibe.

Hinter der Grenze fahren wir hinab ins Inn-Tal und wieder quer durch Österreich. Zur Mittagszeit wollen wir schon in Deutschland sein. Da gibt es eine Kunst-Raststätte im Illertal, die ein wenig ins Programm passt. Kleine, ganz moderne Werke vor dem Rasthaus und moderne Mosaikgestaltung im Inneren erscheinen wie eine Verbindung zur genossenen griechisch-römisch-arabischen Kultur Siziliens.

Aus den Gesprächen hinter mir wird während der Weiterfahrt deutlich, dass auch die Urlauber mit ihren Gedanken langsam nach Hause zurückkehren. Von „Waschmaschinen", „Garten", „Blumengießen" und „Zahnarzt" ist die Rede.

Für die Reiseleiterin gibt es aber noch reichlich zu tun. Ich kassiere den Verzehr, der aus den Bordkarten ersichtlich ist, halte vor dem ersten Ausstieg meine kleine, ganz persönliche Abschiedsrede, koche noch einmal Kaffee und erwärme ein letztes Mal Würstchen.

Insgesamt 6 000 km haben wir zurückgelegt, mehr als 160 Tunnel in einer Richtung durchfahren.

Wir sind zu Hause!

Im Verkehrsfunk hören wir Warnungen vor Gegenständen auf der Fahrbahn. Nacheinander waren es eine Matratze, ein Sofa, ein Fahrrad, Bilder...

WIR SIND EBEN WIEDER ZU HAUSE.

Im Handel bisher erhältlich:

- "In skandinavischen Betten"-
  Ein anderes Reisetagebuch Teil2
  BoD-Nr.: 1312724
  ISBN: 9783746079387
  E-Book ISBN: 9783746054490

IN

SKANDINAVISCHEN

BETTEN

EIN ANDERES REISETAGEBUCH
TEIL 2

Anita Lehmann

- ”Sirtki tanzt man nicht allein”-
  Ein anderes Reisetagebuch Teil3
  BoD-Nr.: 1366113
  ISBN: 9783748184324
  E-Book ISBN: 9783748155133

In Vorbereitung:

- „Späte Liebe"-
  Ein anderes Reisetagebuch Teil 4

  Beim Einchecken im Hotel erlebte ich die erste „Überraschung". 44 Gäste reisten in unserem Bus. Ein Koffer und ein einzelner Mann blieben übrig. Mann und Koffer gehörten jedoch nicht zusammen. Noch standen alle Gäste an der Rezeption. Ich bat sie, ihre Koffer anzuschauen und zu prüfen, ob sie wirklich den eigenen Koffer mit sich führen. Kein Gast reagierte, …

- „Traum vom Wasser"
  Ein anderes Reisetagebuch Teil5